中知认证系列丛书

《科研组织知识产权管理规范》理解与实施

中知（北京）认证有限公司 / 组织编写

余 平 / 主编

知识产权出版社
全国百佳图书出版单位
——北京——

图书在版编目（CIP）数据

《科研组织知识产权管理规范》理解与实施／余平主编 . —北京：知识产权出版社，2020.8

（中知认证系列丛书）

ISBN 978-7-5130-7057-7

Ⅰ . ①科⋯ Ⅱ . ①余⋯ Ⅲ . ①科学研究组织机构—知识产权—管理规范—研究—中国 Ⅳ . ①D923.4

中国版本图书馆 CIP 数据核字（2020）第 133130 号

责任编辑：刘 睿 邓 莹 刘 江　　责任校对：王 岩
封面设计：博华创意·张冀　　责任印制：刘译文

中知认证系列丛书

《科研组织知识产权管理规范》理解与实施

中知（北京）认证有限公司　组织编写

余　平　主编

出版发行：知识产权出版社 有限责任公司	网　　址：http：//www.ipph.cn
社　　址：北京市海淀区气象路 50 号院	邮　　编：100081
责编电话：010-82000860 转 8346	责编邮箱：dengying@cnipr.com
发行电话：010-82000860 转 8101/8102	发行传真：010-82000893/82005070/82000270
印　　刷：天津嘉恒印务有限公司	经　　销：各大网上书店、新华书店及相关专业书店
开　　本：720mm×960mm　1/16	印　　张：14.75
版　　次：2020 年 8 月第 1 版	印　　次：2020 年 8 月第 1 次印刷
字　　数：212 千字	定　　价：60.00 元
ISBN 978-7-5130-7057-7	

出版权专有　侵权必究

如有印装质量问题，本社负责调换。

《中知认证系列丛书》
编 委 会

主　任　马维野
副主任　何旭文　余　平
委　员（按姓氏拼音排序）

成　胤	葛　飞	郭志萍	胡　炜
胡晓煜	贾玉岗	雷　蕾	李　超
李文辉	李　曦	李永光	刘　鹤
刘　鑫	马全亮	马曙辉	穆旭东
乔文龙	盛　兴	苏慎之	孙际宾
田永生	王　东	王海涛	王健琳
王立东	王启飞	王卫军	温振宁
邢文超	颜晓元	杨丽萍	杨　洋
尤　嬿	张芝君	章洪流	赵国峰
赵　佳	赵　星	周　媛	

《〈科研组织知识产权管理规范〉理解与实施》编写组

主　编　余　平
副主编　李　曦　乔文龙　穆旭东
撰　稿（按章节排序）
　　　　李　曦　穆旭东　乔文龙　崔　勇
　　　　杜　伟　邹志德　王津晶　肖孟雍
　　　　梁林洲　葛　飞　贺　锋　成菊芳
　　　　韩金铎　王凤艳　沈梦怡
审　稿　余　平　苏慎之

序

2008年，国务院颁布《国家知识产权战略纲要》，明确提出到2020年把我国建设成为知识产权创造、运用、保护和管理水平较高的国家。国家知识产权战略是继科教兴国战略、人才强国战略之后第三个国家战略。《国家知识产权战略纲要》颁布十余年来，特别是党的十八大以来，在以习近平同志为核心的党中央的高度重视和亲切关怀下，我国知识产权事业取得了举世瞩目的成就，知识产权大国地位牢固确立。习近平总书记深刻指出，加强知识产权保护，是完善产权保护制度最重要的内容。2019年国务院《政府工作报告》也明确提到，要全面加强知识产权保护，健全知识产权侵权惩罚性赔偿制度，促进发明创造和转化运用。

为帮助企业全面落实国家知识产权战略精神，指导企业建立科学、系统、规范的知识产权管理体系，促进企业自主创新能力和知识产权运用水平的不断提高，逐步实现把知识产权融入企业生产经营的各个环节，我国首部知识产权管理国家标准《企业知识产权管理规范》（GB/T 29490—2013）于2013年3月1日正式颁布实施。该标准由国家知识产权局起草制定，国家质量监督检验检疫总局、国家标准化管理委员会批准颁布，其问世标志着我国企业知识产权规范化管理的大门正式开启。

随后，《科研组织知识产权管理规范》（GB/T 33250—2016）、《高等学校知识产权管理规范》（GB/T 33251—2016）相继实施。由中央军委装备发展部国防知识产权局为主起草编制的《装备承制单位知识产权管理要求》（GJB 9158—2017）于2017年12月1日起实施。我国知识产权管理领域的国家标准体系得到进一步拓展和发展。

与此同时，在国家知识产权局（CNIPA）和国家认证认可监督管理委员会（CNCA）等部门的推动下，知识产权管理体系认证工作也由起步阶段到稳步发展。2014年4月11日，中国专利保护协会旗下的中知（北京）认证有限公司（以下简称"中知公司"）作为全国首家经国家认证认可监督管理委员会（CNCA）批准的知识产权认证机构正式成立，自此拉开了知识产权认证工作的帷幕。中知公司依托中国专利保护协会深厚的行业背景和资源，专注耕耘知识产权认证工作6年有余，完成近2万家创新主体的知识产权管理体系认证服务，不断深化对知识产权领域系列国家标准的理解和认识，积累了丰富的知识产权认证经验，得到社会各界的高度认可。

　　孟子云，"独乐乐不如众乐乐"。让更多的人了解知识产权规范化管理的魅力，让更多的创新主体通过知识产权规范化管理获取更高的飞跃一直是中知公司的目标。故此，中知公司策划了中知认证系列丛书，分别为：《通往标准之路——企业知识产权标准化管理宝典》《〈企业知识产权管理规范〉审核要点与案例解析》《〈科研组织知识产权管理规范〉理解与实施》《〈高等学校知识产权管理规范〉理解与实施》《〈装备承制单位知识产权管理要求〉解析与应用》。

　　本套丛书内容不仅包括知识产权领域系列国家标准的条款解读、实施建议、体系建立、审核要点等方面，而且结合标准推行和认证过程中的相关案例，以理论与实务相结合的视角，对知识产权管理体系系列国家标准及实施进行全面详细的解读。希望这套饱含诚意的丛书能够成为广大读者了解知识产权规范化管理的入门读物，成为大家踏上知识产权管理体系阶梯的垫脚石。

中国专利保护协会副会长兼秘书长

前　言

当前，科学技术的积极应用对于我国经济增长发挥了重要的作用。党的十八大以来，在习近平新时代中国特色社会主义思想的指引下，党中央、国务院做出了一系列重大部署，创新驱动发展战略逐步落实。党的十九大以来，习近平总书记反复强调"把创新驱动发展作为面向未来的一项重大战略实施好"。从理论研究到实际考察，可以说，知识产权制度都对创新驱动发展发挥了重要的保障和推动作用，其中最重要的动力机制即在于激励创新。知识产权制度已经成为我国现阶段激励创新发展、确立技术优势、建设创新型国家的重要手段与保障。

科研组织是国家创新体系的重要组成部分，是基础性、战略性和前瞻性科技创新成果的主要贡献力量。而知识产权已经成为激励创新、促进科学技术进步、推动国家经济社会发展的重要资源，所以，创造、运用和保护知识产权的综合管理能力已经成为衡量一个科研组织创新实力的核心因素。加强科研组织知识产权管理，促进高水平创造、有效运用、充分保护知识产权，是实施创新驱动发展战略的必然要求，是提升科技创新效率的重要手段，具有重要的历史意义和现实意义。科研组织知识产权管理是科研组织创新体系建设的重要内容，是支撑科研组织从事研究开发活动的基础工作和重要保障。科研组织知识产权战略是国家知识产权战略的重要组成部分，是实施国家知识产权战略的重要基础。深入实施国家知识产权战略，必须从战略上重视和加强科研组织的知识产权管理，必须从根本上增强科研组织知识产权管理水平，提升知识产权管理能力，支撑科研组织科技创新能力建设。

为此，国家知识产权局、中国科学院、中国标准化研究院共同组织起草了《科研组织知识产权管理规范》（GB/T 33250—2016），并于2017年1月1日颁布实施。该标准旨在指导科研组织依据法律法规，结合自身职责定位和发展目标，建立和完善知识产权管理的制度和组织体系，提升科研组织知识产权管理效率和科技创新活动效率，增强科研组织技术创新能力。该标准规定了科研组织策划、实施和运用、检查、改进知识产权管理体系的要求，对于知识产权管理体系中涉及的知识产权方针和目标、组织架构管理、基础管理、科研项目管理、知识产权运用与保护、资源保障等各个环节均设定了可操作的要求，为科研组织形成系统、规范和科学的知识产权管理体系起到了很好的规范和指导作用。对于科研组织建立规范的知识产权管理体系、激发广大科研人员的创新活力、增强科研组织的创新能力等具有十分重要的意义。

本书旨在通过结合相关指导案例，帮助读者熟悉并掌握《科研组织知识产权管理规范》标准的基础理论与实施要点，指导科研组织建立知识产权管理体系，提升知识产权质量和效益，促进知识产权价值实现。同时，结合中知（北京）认证有限公司数年来的知识产权管理体系认证实践，逐条总结出本标准的审核要点。希望本书的出版能够为科研组织知识产权管理体系的内部审核或第三方认证工作，提供有益的参考。

受各方面条件所限，加之编者水平有限，本书谬误之处在所难免，恳请广大读者批评指正。

目 录

第一章 背景概述 …………………………………………………（1）
  第一节　科研组织知识产权管理发展沿革 ………………………（1）
  第二节　科研组织知识产权管理标准化 …………………………（6）
  第三节　科研组织知识产权管理体系与认证 ……………………（9）

第二章 《科研组织知识产权管理规范》基础 …………………（15）
  第一节　内容概述 …………………………………………………（15）
  第二节　知识产权管理体系基础知识 ……………………………（20）
  第三节　相关术语解析 ……………………………………………（26）

第三章 《科研组织知识产权管理规范》解析 …………………（35）
  第一节　总体要求 …………………………………………………（35）
  第二节　组织管理 …………………………………………………（43）
  第三节　基础管理 …………………………………………………（52）
  第四节　科研项目管理 ……………………………………………（63）
  第五节　知识产权运用 ……………………………………………（67）
  第六节　知识产权保护 ……………………………………………（73）
  第七节　资源保障 …………………………………………………（75）
  第八节　检查和改进 ………………………………………………（77）

第四章 《科研组织知识产权管理规范》审核要点 ……………（79）
  第一节　总体要求 …………………………………………………（79）
  第二节　组织管理 …………………………………………………（87）
  第三节　基础管理 …………………………………………………（94）

第四节　科研项目管理 …………………………………………（113）
　　第五节　知识产权运用 …………………………………………（120）
　　第六节　知识产权保护 …………………………………………（126）
　　第七节　资源保障 ………………………………………………（129）
　　第八节　检查和改进 ……………………………………………（131）
第五章　科研组织知识产权管理体系建设良好案例 ……………（133）
　　第一节　加强科技创新源头保护、体系覆盖科研活动全范围、
　　　　　　促进知识产权价值实现、提升研究所竞争力
　　　　　　——中国科学院天津工业生物技术研究所知识产权
　　　　　　管理体系建设案例 ………………………………………（134）
　　第二节　提升知识产权意识、加强知识产权管理队伍建设、
　　　　　　实现科研项目全流程知识产权管理
　　　　　　——中国科学院南京土壤研究所知识产权管理体系
　　　　　　建设案例 …………………………………………………（144）
　　第三节　发挥知识产权的引领和支撑作用、激发创新活力、
　　　　　　增强研究所的创新能力
　　　　　　——中国科学院青海盐湖研究所知识产权管理体系
　　　　　　建设案例 …………………………………………………（155）
　　第四节　规范知识产权日常管理、形成全方位制度保护、规避
　　　　　　潜在的知识产权侵权风险、促进价值实现
　　　　　　——中国科学院水生生物研究所知识产权管理体系
　　　　　　建设案例 …………………………………………………（161）
　　第五节　提升科研效率、规范全过程管理、促进研究所长远发展
　　　　　　——中国科学院上海硅酸盐研究所知识产权管理
　　　　　　体系建设案例 ……………………………………………（171）
　　第六节　优化知识产权布局，合理保护创新成果，有效推进
　　　　　　科技成果的转移转化
　　　　　　——中国科学院苏州纳米技术与纳米仿生研究所

　　　　知识产权管理体系建设案例 …………………………………（179）
主要参考文献 …………………………………………………………（187）
附录　科研组织知识产权管理相关政策汇编 ……………………（189）
　　附录1　《关于加强国家科技计划知识产权管理工作的
　　　　　　规定》 ……………………………………………………（189）
　　附录2　《国家科技重大专项知识产权管理暂行规定》 …………（194）
　　附录3　《关于进一步加强职务发明人合法权益保护
　　　　　　促进知识产权运用实施的若干意见》 ………………（204）
　　附录4　《关于深化科技体制改革加快国家创新体系建设的
　　　　　　意见》（节选） ……………………………………………（210）
　　附录5　《关于大力推进体制机制创新扎实做好科技金融
　　　　　　服务的意见》（节选） ……………………………………（217）
　　附录6　《关于深入实施国家知识产权战略加强和改进
　　　　　　知识产权管理的若干意见》（节选） ……………………（221）

第一章 背景概述

第一节 科研组织知识产权管理发展沿革

一、科研组织知识产权管理及国内相关政策简介

作为最重要的科技创新力量，科研组织对我国科技创新和经济的转型发展起着重要的作用。知识产权的数量和质量，已经成为衡量科研组织创新的重要指标，直接体现了科研组织的创新能力和科研水平。因此，科研组织的知识产权管理逐渐成为科研组织内部管理的核心内容和关键性组成部分。

科研组织知识产权管理可以分为广义和狭义两种概念。广义的知识产权管理是指在特定的环境下，为达成知识产权创造、运用和保护活动的目标，对科研组织所支配的知识产权进行有效计划、组织、领导和控制，以促进知识产权体系高效运行的一种综合性活动。狭义的知识产权管理则是指科研组织为提高知识产权创造、运用和保护能力，通过制定战略规划、政策措施，建立组织机构与配备人员，开展关系协调与控制冲突等，优化知识产权资源配置而进行的包括知识产权信息检索、必要知识产权引进、知识产权研发、知识产权申请授权与维持、知识产权集成、知识产权转化实施和知识产权有效保护等的综合性、系统性活动。狭义概念体现了科研组织知识产权管理的主要任务。[1]

---

[1] 宋河发. 科研机构知识产权管理 [M]. 北京：知识产权出版社，2015.

长期以来，我国科研组织知识产权管理尚未建立系统的指导性文件，更多是在国家知识产权局、科技部等部门发布的规章和政策文件中提及。例如，2000年科技部发布了《关于加强与科技有关的知识产权保护和管理工作的若干意见》，2002年科技部、财政部发布了《关于国家科技计划项目研究成果知识产权管理的若干规定》，2003年科技部发布了《关于加强国家科技计划知识产权管理工作的规定》，2010年科技部、国家发改委、财政部、国家知识产权局联合发布了《国家科技重大专项知识产权管理暂行规定》。

党的十八大以来，为大力推动体制机制创新，有效支撑创新驱动发展战略实施，支持国家创新体系建设，按照《中共中央 国务院关于深化科技体制改革 加快国家创新体系建设的意见》等中央文件要求，国家知识产权局汇同相关部门制定了一系列政策。例如，国家知识产权局、教育部、科技部等部门联合印发了《关于进一步加强职务发明人合法权益保护 促进知识产权运用实施的若干意见》；中国人民银行、科技部、银监会、证监会、保监会、国家知识产权局为促进科技和金融的深层次结合，联合印发了《关于大力推进体制机制创新 扎实做好科技金融服务的意见》，提出若干指导意见。

随着全社会越来越重视创新和知识产权管理，科研组织的知识产权管理越来越受到各方关注。2014年7月15日，国家知识产权局、教育部、科技部、工业和信息化部、国资委、工商总局、版权局、中科院关于印发《关于深入实施国家知识产权战略 加强和改进知识产权管理的若干意见》的主要目标是到2020年，企业、高等院校和科研组织建立起满足发展需求的知识产权管理制度和管理团队，重大科研项目实现知识产权全过程管理。

二、科研组织知识产权管理的目的和意义

知识产权管理是科研组织创新管理的基础性工作，对科研院所的科技成果转移转化起到重要的支撑作用。建立系统、科学、规范的知识产权管理体系，对于激发科研人员的创新活力、增强科研组织的创新能力具有至

关重要的意义。

知识产权创造、运用、保护是相互关联的三个过程,知识产权管理贯穿于这三个过程中。从知识产权管理角度看,知识产权的创造、运用和保护离不开对知识产权的有效管理。科研组织知识产权管理的功能主要表现在激励创造、促进运用、强化保护三个方面,最终体现为促进科研组织的创新与发展。

(一) 激励科研组织的创新

知识产权创造主要涉及科技创新、知识产权权利获取等过程,科技创新是知识产权管理的重要基础,知识产权权利获取是重要的法律保障。知识产权创造过程实际上是技术创造和权利获得的过程。

科研组织知识产权管理以知识产权战略规划、知识产权政策制定与实施为手段,充分运用知识产权法律制度,全面实施科研项目知识产权全过程管理,知识产权管理激励创造的功能主要表现在以下几点。

(1) 调动科研组织知识产权创造的积极性,创造出更多和高质量的成果,从而提高科研组织的自主创新能力。根据2013年发出的《关于进一步加强职务发明人合法权益保护 促进知识产权运用实施的若干意见》,通过知识产权管理,科研组织可建立合理的知识产权激励分配利度,保障科研人员的合法权益,释放科研人员的创新活力。

(2) 通过知识产权信息分析指导科研方向,准确捕捉到技术领域的热点、难点和空白点等,提高科研效率,避免重复开发,浪费时间和科研资源。

(3) 开展知识产权战略布局,及时获取知识产权权利,并保证知识产权保护范围合理、稳定性高,具有较高的质量。

(4) 科研组织通过专业的知识产权检索分析,可以避免侵犯他人的知识产权所带来的法律风险和经济损失。他人的后续创新行为也会对科研组织形成助力,从而推动其创造更多的知识产权和更高质量的知识产权,有利于科研组织形成一个鼓励创造的良性循环机制。

（二）促进科研组织的发展

近年来，随着我国知识产权事业的快速发展，知识产权更多地融入经济社会发展的主战场，科研组织、高校、企业和政府都越来越重视知识产权的运用与保护。知识产权的运用（尤其是涉及科技成果转移转化）、知识产权保护（专利权、商标权、软件著作权、技术秘密等的司法保护和行政保护）可以大力促进科研组织的发展。

（1）知识产权运用，包括实施和运营、许可和转让、作价投资等，可以为科研组织带来丰厚的经济效益和社会效益，是科研组织知识产权管理的重要目的之一，科研组织知识产权管理水平的高低直接影响着自身发展的快慢。

另外，在科技成果转移转化过程中，知识产权资产评估可以为科技成果的价值提供参考，降低无形资产在交易过程中不必要的损失。

（2）知识产权保护，是国家司法机关和行政机关根据法律规定对知识产权权利人的合法权利进行的保护，主要包括知识产权司法保护和行政执法保护两个方面。系统、科学、规范的知识产权管理能够更好地借助国家的知识产权司法和行政保护体系，降低知识产权被侵害的风险，提升科研组织对自身知识产权的保护能力，促使无形资产的保值和增值。

三、科研组织知识产权管理的常见问题

长久以来，虽然政府在大力推进科研组织的知识产权管理能力提升，但由于各种原因，我国科研组织在知识产权管理方面还存在一些突出问题。

（一）科研组织知识产权管理规章制度不够完善

调查显示，我国有2/3以上的科研机构和高校尚未建立知识产权规章制度。根据对中科院研究所等科研机构的调研，绝大多数科研机构知识产权制度建设滞后，修订不及时，偏重知识产权的申请和授权等事务，在很大程度上还停留在专利统计、奖励申报和评审等行政性事务工作上，对知

识产权开发利用和商业化等的管理水平较低,能力不足。❶

知识产权管理机构建设不完善。我国大多数科研组织没有专门的知识产权管理机构。根据国家知识产权局的一项统计,我国科研组织有专门知识产权管理部门的仅占 31.3%,没有专门知识产权管理部门而由单位科技处等代为管理的占 59.8%,由内部人员兼职管理知识产权的占 8.4%(并非真正意义上的技术转移办公室)。而在科研组织知识产权转移组织机构设置上,由单位内部技术转移办公室专门负责专利转移和产业化的占 59.1%,设立创新公司独立市场化经营本单位专利转移和产业化的占 16.5%,委托知识产权经纪公司负责本单位专利转移和产业化的占 24.3%。❷

(二)知识产权管理人员匮乏

目前,大多数科研组织知识产权管理由科技管理或转移转化部门的一名员工来承担,很多时候,还兼任其他管理职责,没有形成有效的人才团队。职能上,大多数情况也只是负责专利管理或者流程管理,缺乏可以承担知识产权战略管理、专利发掘、专利导航、知识产权评估等人才构成的团队。调查数据显示,在设置知识产权管理机构(包括专职和兼职管理机构)的科研组织中,知识产权管理人员(含兼职管理人员)在 2 人及以下的占比为 72.1%。显然,大部分科研组织在上述情况下,很容易导致被动的知识产权管理。❸

(三)知识产权创造的质量和效益不高

我国科研组织知识产权质量总体水平还不高,发明专利平均维持年限仅有 5 年多,实施率还较低。我国缺乏专利质量控制的方法和相关政策,科研组织也缺乏识别高质量专利的方法,我国还缺乏从高质量专利到高效

---

❶ 宋河发,曲婉,王婷. 国外主要科研机构和高校知识产权管理及其对我国的启示 [J]. 知识产权管理,2013,28(4):450-460.
❷ 宋河发. 科研机构知识产权管理 [M]. 北京:知识产权出版社,2015.
❸ 国家知识产权局知识产权发展研究中心. 中国专利调查报告 [R]. 北京:国家知识产权局,2018:1-131.

益专利的识别方法。❶

(四) 科技成果转移转化率不高

目前，我国促进科技成果，尤其是专利转移转化的经营模式还有待完善。科研人员缺少转移转化意识，研究成果与产业需求脱节，造成科研组织和企业都很难从转移转化中受益。此外，转移转化中介机构的服务模式也有待改进。一边是急需专业科研力量支持的企业找不到合适的成果，另一边是宝贵的成果被束之高阁。调查数据显示，超过五成的科研单位科技成果转化率在 10% 以下，还有 24.2% 的科研单位转化率在 10%~30%。❷

(五) 忽视商业秘密管理

由于政策引导的侧重，以及专利、论文、著作、软件等具有明确统一的确认程序和评价准则，使得目前大多数科研院所的知识产权管理都偏重专利权和著作权的管理，对于商业秘密特别是技术秘密等知识产权缺乏行之有效的管理，甚至没有相应的管理制度。❸

第二节　科研组织知识产权管理标准化

一、《科研组织知识产权管理规范》的编制过程

2013 年，我国首部企业知识产权管理国家标准《企业知识产权管理规范》（GB/T 29490—2013）的发布和实施，对企业知识产权管理体系的建立具有较好的指导作用。但是，由于科研院所与企业性质上的差别，显然把企业知识产权管理规范用于指导科研单位知识产权管理体系建设存在一定的不适宜。因此，2013 年，国家知识产权局提出《科研组织知识产权管理规范》国家标准编制任务，报国家标准化管理委员会批准，纳入国家标

---

❶❷ 国家知识产权局知识产权发展研究中心. 中国专利调查报告 [R]. 北京：国家知识产权局，2018：1-131.

❸ 郭晋佩. 科研院所知识产权管理现状及发展对策研究 [J]. 科技创新导报，2017 (30)：169—170.

准化管理委员会编制项目计划（项目编号20130420-T-424）。标准起草组在结合国内标准体系最新进展及国际上标准体系研究成果的基础上，历经预研、立项、起草、初步征求意见等阶段后，最终形成《科研组织知识产权管理规范》征求意见稿。其主要过程如下。

（1）预研和立项：广泛调研北京、重庆、陕西、江苏等地区和中科院下属科研组织知识产权管理工作的情况，通过座谈走访获取科研组织的实例，并在全面分析对比中科院下属科研组织以及各地科研组织知识产权管理的基础上，明确了国家标准的理念和思路，制订了标准编制方案，形成《科研组织知识产权管理标准项目建议书》，向国家标准委提出立项建议，纳入国家标准化管理委员会编制项目计划的任务，并确立了项目编号。

（2）标准起草：组织政府、科研组织、服务机构等单位专家完成标准文本讨论稿，并就标准内容向中科院下属科研组织以及地方科研组织等不同单位初步征求意见。在此基础上，进一步联合中国标准化研究院的专家、学者等对标准内容进行了规范和调整，形成《科研组织知识产权管理规范》（征求意见稿）。

2015年7月3日，《科研组织知识产权管理规范》（征求意见稿）向社会各界公开征求意见。

2016年12月13日，国家质量监督检验检疫总局、国家标准化管理委员会发布了适合科研院所的知识产权国家标准——《科研组织知识产权管理规范》（GB/T 33250—2016）。2017年1月1日，《科研组织知识产权管理规范》正式颁布实施。

二、《科研组织知识产权管理规范》的特点

该标准规定了科研组织策划、实施和运用、检查、改进知识产权管理体系的要求，对于知识产权管理体系中涉及的知识产权方针和目标、组织架构管理、基础管理、科研项目管理、知识产权运用与保护、资源保障等环节均设定了可操作的标准，为科研院所形成科学的知识产权管理体系起到了很好的规范作用和指导作用。对于科研组织建立规范的知识产权管理

体系、激发广大科研人员的创新活力、增强科研组织的创新能力等具有十分重要的意义。该标准具有如下特点。

（1）科学性。该标准借鉴了《企业知识产权管理规范》的模式，并充分结合科研组织知识产权管理的特点，规定了科研组织策划、实施和运用、检查、改进知识产权管理体系的相关要求，提出基于持续改进（PDCA循环）的知识产权管理模型。该标准指导科研组织依据法律法规，基于科研组织的职责定位和发展目标，制定并实施知识产权战略，根据科研组织自身发展需求、创新方向及特点，建立符合实际的知识产权管理体系，充分发挥知识产权在科技创新过程中的引领和支撑作用。通过实施该标准，实现科研活动全过程知识产权管理，增强科研组织技术创新能力，提升知识产权质量和效益，促进知识产权的价值实现。

（2）战略性。《科研组织知识产权管理规范》将知识产权管理视为科研组织创新管理的基础性工作，融入知识产权战略管理和风险管理的理念，提出"本标准指导科研组织依据法律法规，基于科研组织的职责定位和发展目标，制定并实施知识产权战略"。通过实施标准，从全局的视角定义知识产权管理，从科研组织整体上策划、实施知识产权管理，有利于提高资源使用效率，实现知识产权战略与科研组织发展战略相结合，最终促进科研组织的长远发展。

（3）前瞻性。《科研组织知识产权管理规范》既考虑了我国科研组织当前时期的实际情况，也提出了适度超前的知识产权管理要求，为科研组织未来发展做好铺垫。在项目立项阶段，标准要求知识产权信息分析、知识产权风险评估提前融入立项活动中，降低重复研发的风险，为研发方向提供指引。在执行阶段，标准不仅要求专利挖掘、专利分析，还要求根据知识产权市场化前景初步确立知识产权运营模式。在项目完成后的结题验收阶段，要求开展科研项目产出知识产权的分析，提出知识产权维护、开发、运营的方案建议。

（4）可操作性。该标准从管理体系的视角，对科研组织知识产权管理工作进行梳理，明确组织管理、科研项目全过程管理、技术成果转移转化过程管理、人力资源管理、文件管理、合同管理等方面的具体要求，使科研组织实施标准的任务清晰、操作可行。

例如，在组织管理上，该标准根据内部管理的分工职责不同，明确提出了最高管理者、管理者代表、知识产权管理机构、知识产权服务支撑机构、研究中心、项目组多层级的知识产权管理要求。在科研项目全过程管理上，该标准根据科研活动的客观要求，明确提出项目分类、项目立项、执行、结题验收阶段的知识产权管理要求。在人力资源管理上，结合各个科研组织风险管理的实际需求，明确职工、学生的人事管理要求。

第三节 科研组织知识产权管理体系与认证

一、知识产权管理体系认证概述

（一）认证

认证也称为注册，是指由认证机构证明产品、服务、管理体系符合相关技术规范、相关技术规范的强制性要求或者标准的合格评定活动。此处的认证包括体系认证和产品认证两大类，体系认证一般的企业都可以做，也是一个让客户对自己的企业或公司放心的认证，比如说 ISO 9001 质量体系认证，一般费用以企业或公司人数的多少来决定。产品认证相对来说比较广泛，各种不同规格的产品和不同的产品认证费用都不一样，当然它们的用途也不一样，比如说 CCC 国家强制性认证和 CE 欧盟安全认证。另外，同一类产品做不同的产品认证费用也不相同，比如空调，如果出口的话就要做国外的相关产品认证。

（二）管理体系认证

在 ISO/IECISO 7021（GB/T 27021）《合格评定管理体系认证机构要求》引言部分指出：管理体系认证（如对组织的质量管理体系、环境管理体系、知识产权管理体系等的认证）是一种保证方法，用以确保组织已实施了与其方针及相关管理体系标准的要求一致的、用以管理其活动、产品和服务相关方面的体系。

（三）知识产权管理体系认证

知识产权管理体系通常是指企业、科研组织、高等学校等组织分别根据《企业知识产权管理规范》《科研组织知识产权管理规范》和《高等学校知识产权管理规范》（GB/T 33251—2016）的要求建立、实施并持续改进的管理体系。《企业知识产权管理规范》推出后，根据《关于印发知识产权管理体系认证实施意见的通知》等文件的精神，我国正式确立以认证的模式评价知识产权管理体系的贯标效果。2014年，我国首家知识产权专业认证机构成立。由第三方认证机构对组织知识产权管理体系进行的合格评价活动——知识产权管理体系认证正式开启。2019年，科研组织的知识产权管理体系认证活动也随着科研组织知识产权管理体系贯标的启动而逐步推进。

为贯彻落实《中共中央 国务院关于开展质量提升行动的指导意见》《国务院关于加强质量认证体系建设促进全面质量管理的意见》，2018年2月11日，国家认监委、国家知识产权局联合发布《知识产权认证管理办法》（2018年第5号公告）（以下简称《管理办法》），旨在全面规范知识产权认证活动，提高知识产权认证有效性，加强对认证机构事中事后监管。《管理办法》的出台是落实我国创新型国家建设和质量强国建设的具体举措，为推动构建符合我国经济社会发展需要的知识产权认证体系提供了重要的法规和政策依据。

（四）知识产权管理体系认证的作用

知识产权管理体系认证是由专业的第三方认证机构对组织的知识产权管理体系对照标准进行合格评价。知识产权管理体系认证如何促进组织的创新和发展呢？根据中知（北京）认证有限公司部分获证客户的调研反馈，知识产权管理体系认证在提高知识产权管理水平、降低知识产权风险、增强核心竞争力、提高组织信誉和知名度、改善市场环境等方面，显示出了较大优势，收益显著。归纳起来有以下几个方面。

1. 全员参与，人人有责

知识产权管理体系认证的开展有利于通过全员培训，提高员工知识产权意识。

在贯标认证过程中，通过对标准的宣贯、体系文件编写、人员的培训和对全体员工进行普及宣传的方式，强化知识产权意识，使职工既认识到知识产权的重要性，又认识到组织的知识产权管理同每一个人有关，要求全员参与、人人有责。各部门、各级员工必须充分配合，团结协作，发挥整体作战精神，才能有效地建立并保持体系的正常运行，可以说整个体系的建立和保持饱含了全体员工的心血和智慧，是全体员工日夜辛劳结出的硕果。

2. 促进加强文件的有效管理

认证审核工作文件化的特点，会促进组织加强文件的有效管理，提升基础管理效力。一般组织在接受认证前都有一定数量的规章制度，但由于文件管理能力参差不齐，不能有效地指导工作，致使工作杂乱无章，低质低效，缺乏系统、完整、规范的工作标准和文件的有效管理，过期文件、失效文件滞留现场，随意性、口头性指令过多，导致工作接口及职责不明确。管理体系认证从体系文件的编写开始就注意文件的可操作性、系统性、科学性；通过文件控制，有效地保证了各部门的有效性；定期修改手册，确保了体系文件的适用性；做好记录，以便验证体系运行是否有效。

3. 分清职责和权限，提高管理水平及效率

一般管理体系存在缺陷，主要表现在职责和权限划分不清、纵横两个方向联系受阻，使原有的机构设置受阻，在管理中出现"管理死角""扯皮现象"等。通过建立知识产权管理体系，详细而明确地规定各个部门、各个岗位职责及权力，以及相关接口处的职责，并且建立健全了可操作的知识产权管理工作程序及作业指导书，设置贯穿于各个层次的产品知识产权保证链，既改善了活动本身的管控效果，又改善了部门之间的协调，减少不同部门重复工序的发生，增强各部门之间的沟通，大大提高了各部门内部与外部之间的运作清晰度及对问题做出反应的速度，从而提高了运作

效率，降低了运行成本。

4. "事前预防"而非"事后检验"

通过预防知识产权风险事件现象的发生，能够有效地保证核心利益。由于知识产权管理体系认证要求不仅仅关注最终产品所覆盖的专利、商标等知识产权的管理，而是通过涉及影响组织经验发展的各个过程控制，包括立项研发、材料采购、工艺改进、生产制造、销售与售后、人力资源管理、合同管理等各个环节进行整体控制。因此，组织获得了知识产权管理体系认证证书，那就意味着该组织的知识产权管理体系经过认证机构的严格审核，能够保证较好地管控知识产权风险事件。

5. 持续稳定地改进成果知识产权

通过对所建体系不断地进行符合性、充分性、适宜性及有效性的判断与证实，进行纠正预防措施的实施和验证，及时发现体系运行中存在的问题，保证所有的不符合项和管理问题能得以快速有效地纠正。内部审核能够不断检验知识产权体系文件的先进性、适宜性，并加以纠正。通过组织最高管理者亲自组织和主持管理评审活动，评价企业的知识产权方针目标的适宜性和知识产权体系的有效性。简而言之，首先预防问题发生，万一出现问题时，立即采取措施去改正这些问题，并确保不再发生。此外认证机构定期对组织进行监督审核，更好地保证了知识产权管理能够保持稳定、有效，并得以不断改进，循环上升。

6. 提高知名度，增强信誉和竞争力，促进转移转化

许多政府部门、需方采购招标时、发布政府项目或资质审批时，把组织是否具备知识产权管理体系认证证书作为条件。因此，组织一旦获得知识产权管理体系认证证书，就在国内外市场上树立了良好的形象，取得了产品走向市场的"通行证"，成为进入国际国内市场的有效手段。

通过认证审核（管理体系认证），提高知识产权管理水平，促进知识产权创造、运用、保护，进而降低知识产权风险、增强核心竞争力、提高信誉和知名度，改善市场环境，最终实现促进创新和发展。

二、科研组织知识产权管理体系认证开展情况

自 2018 年以来，经过国家知识产权局和中国科学院共同推进，有 32 家中科院系统的科研组织启动贯标工作，经过体系建立、试运行等阶段，具备了申请知识产权管理体系认证条件。2019 年 5 月 15 日，中科院大连化物所知识产权管理体系顺利通过现场审核，获得体系认证证书，成为中国第一家通过《科研组织知识产权管理规范》认证的科研组织。随后，又有一批中国科学院系统的科研组织和省属科研组织顺利通过知识产权管理体系认证。

2019 年 9 月 25 日，中知（北京）认证有限公司向中国科学院天津工业生物技术研究所签发了《知识产权管理体系认证证书》。天津工业生物技术研究所成为京津冀地区首家通过《科研组织知识产权管理规范》国家标准认证的科研组织，也是中国科学院直属研究所第三家通过认证的单位。随后，中国科学院南京土壤研究所、青海盐湖研究所、水生生物研究所、上海硅酸盐研究所、北京过程工程研究所、苏州纳米所也分别获得了中知（北京）认证有限公司颁发的《知识产权管理体系认证证书》。截至 2020 年 1 月，共有 12 家中科院系统的科研组织通过了《科研组织知识产权管理规范》知识产权管理体系认证，其中，7 家单位通过中知（北京）认证有限公司的认证。

第二章 《科研组织知识产权管理规范》基础

第一节 内容概述

《科研组织知识产权管理规范》包括前言、引言和正文三部分，正文包括范围、规范性引用文件、术语和定义、总体要求、组织管理、基础管理、科研项目管理、知识产权运用、知识产权保护、资源保障、检查和改进共 11 章，其主要内容如下：

前言

引言

1 范围

2 规范性引用文件

3 术语和定义

4 总体要求

  4.1 总则

  4.2 知识产权方针和目标

  4.3 知识产权手册

  4.4 文件管理

5 组织管理

  5.1 最高管理者

  5.2 管理者代表

  5.3 知识产权管理机构

  5.4 知识产权服务支撑机构

5.5 研究中心

5.6 项目组

6 基础管理

6.1 人力资源管理

6.2 科研设施管理

6.3 合同管理

6.4 信息管理

7 科研项目管理

7.1 分类

7.2 立项

7.3 执行

7.4 结题验收

8 知识产权运用

8.1 评估与分级管理

8.2 实施和运营

8.3 许可和转让

8.4 作价投资

9 知识产权保护

10 资源保障

10.1 条件保障

10.2 财务保障

11 检查和改进

11.1 检查监督

11.2 评审改进

一、前言

前言部分主要说明了《科研组织知识产权管理规范》的提出和归口管理单位、起草单位和起草人。《科研组织知识产权管理规范》由国家知识产权局提出，由全国知识产权管理标准化技术委员会归口，起草单位为国家知识产权局、中国科学院、中国标准化研究院。

二、引言

引言部分介绍了科研组织知识产权管理的重要意义、科研组织实施《科研组织知识产权管理规范》的意义。

三、正文

（一）范围

科研组织是国家创新体系的重要组成部门，知识产权管理是科研组织创新管理的基础性工作，《科研组织知识产权管理规范》主要是为广大科研组织规定策划、实施和运用、检查、改进知识产权管理体系的要求，提升知识产权管理实效。

（二）规范性引用文件

《科研组织知识产权管理规范》主要引用了《质量管理体系 基础和术语》（GB/T 19000—2008）和《企业知识产权管理规范》（GB/T 29490—2013）两项标准的基础术语，引用的有关基础术语在科研组织知识产权管理规范的应用上是必不可少的。

注：GB/T 19000《质量管理体系 基础和术语》已颁布 2016 版标准，对"产品""过程""服务"等术语都有新的解释和内涵。

（三）术语和定义

术语和定义部分界定了《科研组织知识产权管理规范》中提到的科研组织、知识产权、科研组织员工、科研项目、项目组、知识产权专员、知识产权方针、知识产权手册、知识产权记录文件的定义，是理解标准的基础。

（四）总体要求

总体要求部分对科研组织贯彻《科研组织知识产权管理规范》提出了

总体要求，尤其是对体系文件管控提出的要求。体系文件是科研组织实施知识产权管理体系的基础，体系文件包括知识产权方针和目标、知识产权手册、程序和记录三个层次的文件。此外，文件管理是管理体系存在和运行情况的基础，尤其是文件的建立、审批、分类管理、失效文件管理和外来文件管理等。

（五）组织管理

组织管理部分规定了科研组织知识产权管理涉及的各级组织的相关要求，包括最高管理者、管理者代表、知识产权管理机构、知识产权服务支撑机构、研究中心、项目组。最高管理者是科研组织知识产权管理的第一责任人。管理者代表可以说是最高管理者的代表，总体负责知识产权管理事务。科研组织的知识产权管理机构具体承担知识产权的日常管理，是知识产权管理体系的重要部门。知识产权服务支撑机构可设在科研组织中负责信息文献的部门，或聘请外部服务机构，为科研组织知识产权管理提供服务支撑。研究中心、项目组是知识产权管理体系运行的基础单元，是实现知识产权有效管理的关键部门。

（六）基础管理

本部分规定了科研组织知识产权基础管理的内容，包括人力资源管理、科研设施管理、合同管理、信息管理方面的要求。人力资源管理要求根据科研人员组成特点，识别知识产权管理的潜在风险点和管理重点，科学激励，加强培训，关注学术活动和入离职中的知识产权风险。此外，还重点关注了各类涉及知识产权合同的管理，尤其是委托开发和合作开发合同。信息收集与利用、信息发布是科研活动的重要组成部分，本部分也规定了上述过程中的知识产权管理要求。

（七）科研项目管理

本部分规定了科研项目在分类、立项、执行、结题验收阶段知识产权管理的要求。科研活动是科研组织的主要工作，也是知识产权创造和保护的关键环节，建立科研活动全流程的知识产权管理是科研组织的发展趋势。

此外，本标准还前瞻性地提出根据知识产权市场化前景初步确立知识产权运营模式，开展科研项目产出知识产权的分析，提出知识产权维护、开发、运营的方案建议，有利于从根本上解决科研活动与产业脱节的问题。

（八）知识产权运用

本部分规定了项目完成后知识产权管理的要求，包括评估与分级管理、实施和运营、许可和转让、作价投资等方面的内容。评估与分级规定了评估体系、分级管理机制、知识产权处置流程、评估过程中应考虑的因素和风险，知识产权产业化前景分析等方面内容，特别提出加强二次开发的技术成果的保护以及知识产权转化的激励方案。

（九）知识产权保护

知识产权保护的目的在于防止被侵权和知识产权流失，本部分要求规范科研组织的名称、标志、徽章、域名及服务标记的使用，规范学术作品等著作权的使用和管理，从涉密信息、涉密人员、设备、区域四个方面加强未披露的信息专有权的保密管理，建立知识产权纠纷应对机制等。

（十）资源保障

本部分规定了科研组织知识产权管理的基本保障要求，包括条件保障、财务保障两方面。条件保障规定了科研组织应提供必要的软硬件设备和办公场所。财务保障规定了科研组织应设定知识产权经常性预算费用，以满足知识产权日常事务、机构运行等的经费保障需求。

（十一）检查和改进

检查和改进规定了知识产权管理体系持续改进的要求。规定了科研组织应建立检查监督和持续改进的机制，确保体系的适宜性、有效性；定期进行内部审核，根据知识产权方针、目标和审核结果，制定改进措施并落实。

第二节　知识产权管理体系基础知识

一、过程方法和 PDCA 持续改进

过程方法是《科研组织知识产权管理规范》最重要的理论基础，只有深刻理解"过程"以及"过程方法"，才能真正用好过程方法，构建出行之有效的组织知识产权管理体系模型。

本部分给出了关于过程的定义——利用资源将输入转化为输出的任何一项或一组活动可视为一个过程。企业知识产权管理体系作为一个整体过程，输入是企业经营发展对知识产权管理的需求和预期。也就是说，如果把知识产权管理体系视为一个黑盒子，其初始输入是企业经营发展对知识产权管理的现实及未来的各类要求。

过程方法的概念是：将活动作为相互关联、功能连贯的过程组成的体系来理解和管理时，可更加有效和高效地得到一致的、可预知的结果。科研机构的知识产权管理体系是由相互关联的过程所组成，理解知识产权体系如何产生结果，能够使组织尽可能地完善其体系并优化其绩效。

过程方法可以将部门之间的隔阂与壁垒消除，形成良好的过程系统接口，如图 2-1 所示。

图 2-1　过程方法改进部门管理的接口

在科研组织的知识产权管理中使用过程方法的益处有以下方面：

（1）提高知识产权关键过程的结果和改进机会的能力。

（2）通过由协调一致的过程所构成的体系，得到一致的、可预知的结果。

（3）通过对过程的有效管理、资源的高效利用及跨部门职能壁垒的减少，尽可能提升科研组织的整体绩效。

（4）科研组织能够向相关方提供其一致性、有效性和效率方面的信任。

科研组织在知识产权管理中采用过程方法可开展的活动有以下方面：

（1）确定知识产权管理体系的目标和实现这些目标所需的过程。

（2）为管理知识产权过程确定部门、过程的职责、权限和义务。

（3）了解组织的能力，预先确定资源的约束条件。

（4）确定过程相互依赖的关系，分析个别过程的变更对整个体系的影响。

（5）将过程及其相互关系作为一个体系进行管理，以有效和高效地实现组织的知识产权目标。

（6）确保获得必要的信息，以运行和改进过程并监视、分析和评价整个体系的绩效。

（7）管理可能影响过程输出和知识产权管理体系整体结构的风险。

过程方法的实施步骤如下：

（1）识别科研组织和其他相关方及其要求和期望，以确定预期输出的知识产权目标和绩效。

（2）依据要求、需求和期望，确定组织的知识产权规划与战略、方针和目标。

（3）识别实现预期输出所需的所有知识产权相关过程，确认过程的特性与组织的目的是否一致。

（4）确定各种过程顺序和相互作用，实施的方案与措施。

（5）分配每个过程的职责和权限。

（6）确定哪些要形成文件的过程以及如何形成文件。

（7）确定达到预期的过程输出所需要的活动，确定每个过程有效运行所需的资源。

（8）确定应在何处和如何实施监视检查与分析。

（9）将过程业绩考核结果与过程要求进行比较，以确认过程的有效性、效率，确认是否需要纠正措施，根据对过程信息的分析结果来识别过程改进的机会。

（10）实现了预期的过程结果并满足了过程的要求，组织应持续集中精力把过程绩效提高到更高水平上。

运用过程方法应将相关的活动抽象出来——识别过程，明确这个过程的输入包括哪些事物，输出又包括哪些，以及涉及何种资源；制定并根据组织的目标，开展相关活动，把输入转化为输出——实施过程；根据组织的策划，对上述过程实施管控——管理过程；最后，不断完善与优化上述过程，实现组织的长久发展——改进过程。

本部分还给出了一个重要的观点："通常，一个过程的输出将直接成为下一个过程的输入。"过程根据输入、输出的层次不同，可以分为一级过程、二级过程，等等。同级与不同层级的若干个过程不是孤立存在于组织中的，而是通过"前后""左右""上下"的联系，交织成一个三维立体的过程网络。一个简单的三维过程网络，就可以构成一个简单体系，简单体系又可以是复杂体系的一部分。正如本标准所述，"一个企业知识产权管理体系是企业管理体系的重要组成部分"。（管理体系 management system：组织建立方针和目标以及实现这些目标的过程的相互关联或相互作用的一组要素。）

同时，规范还提到"该体系作为一个整体过程，包括知识产权管理的策划、实施、检查、改进四个环节"，也就是 PDCA 循环。

《科研组织知识产权管理规范》鼓励企业在建立、实施知识产权管理体系时，采用 PDCA 方式，保障知识产权管理体系的连续运行和持续改进。P、D、C、A 四个英文字母所代表的意义如下。

P（Plan）——规划，主要包括方针和目标的确定以及活动计划的制定，对应到企业知识产权管理体系建设中，主要是指企业知识产权方针、目标的确定以及知识产权工作计划的制订。

D（Do）——实施或执行，指具体运作、实现计划中的内容，对应到企业知识产权管理体系建设中，主要是指按照企业知识产权工作目标和计划实施知识产权制度。

C（Check）——检查，指分析核查计划实施的情况，对应到企业知识产权管理体系建设中，主要是指根据企业知识产权方针和目标检查知识产权制度运行情况，并汇报结果。

A（Act）——处理，指对检查的结果进行处理、认可或修正，对应到企业知识产权管理体系建设中，主要是指根据执行情况，不断改进制度。

知识产权管理体系的运行，是按照知识产权方针、目标、计划来开展并实施的，是一个连续运行的过程，并且在运行过程中对各个知识产权的管理要素进行对照检查，发现问题，持续改进，从而保证科研组织知识产权管理体系的平稳实施。

科研组织在知识产权管理体系运行实施过程中需要注意：（1）要紧密围绕知识产权方针和目标，这是科研组织知识产权管理体系运行实施的基础和根本所在。（2）要明确各项目知识产权工作的实施主体，有许多知识产权工作并不是由知识产权主管部门完成，知识产权主管部门更多的是处于一个管理、推进、协调、统筹的位置，这就需要对知识产权工作实施主体的职责进行明确划分。（3）要注意科研组织的知识产权管理机制是服务于企业的，而不是限制企业发展的，因此知识产权制度要和科研组织的其他管理体系密切配合、相互支撑，例如，项目专利管理和风险预警制度就可以和项目管理流程相结合，融入项目管理体系。

科研组织应定期将知识产权管理体系实施情况与预期管理目标相比较，对知识产权管理体系实施的各个环节以及各环节中产生的效果进行审核、监督与改进。科研组织应当设立内部监督程序，对知识产权管理体系的各个环节产生的效果进行比较，确保知识产权管理体系符合《科研组织知识产权管理规范》的要求。当然，科研组织还可以委托外部机构对其知识产权管理体系进行持续地分析、监控，外部机构应出具对科研组织知识产权管理体系的分析报告和改进意见，且分析结果应及时告知科研组织最高管理层，便于管理层适时调整知识产权管理目标或修正知识产权管理体系。

二、管理与管理体系

（一）管理

根据 GB/T 19000—2008 的定义，管理是指指挥和控制组织（3.2.1）的协调活动。

注1：管理可包括制定方针（3.5.8）和目标（3.7.1），以及实现这些目标的过程（3.4.1）。

注2：在英语中，术语"management"有时指人，即具有领导和控制组织的职责和权限的一个人或一组人。当"management"以这样的意义使用时，均应附有某些修饰词以避免与上述"management"的定义所确定的概念相混淆。例如，不赞成使用"management shall…"，而应使用"top management（3.1.1）shall…"，另外，当需要表达有关人的概念时，应该采用不同的术语，如 managerial or managers。

（二）管理体系

根据 GB/T 19000—2008 的定义，管理体系是指组织（3.2.1）建立方针（3.5.8）和目标（3.7.1）以及实现这些目标的过程（3.4.1）的相互关联或相互作用的一组要素。

注1：一个管理体系可以针对单一的领域或几个领域，如质量管理（3.3.4）、财务管理或环境管理。

注2：管理体系要素规定了组织的结构、岗位和职责、策划、运行、方针、惯例、规则、理念、目标，以及实现这些目标的过程。

注3：管理体系的范围可能包括整个组织，组织中可被明确识别的职能或可被明确识别的部门，以及跨组织的单一职能或多个职能。

注4：这是 ISO/IEC 导则第1部分 ISO 补充规定的件 SL 中给出的 ISO 管理体系标准中的通用术语及核心定义之一，最初的定义已经通过改注1

至注 3 被改写。

管理体系是组织建立方针和目标及实现这些目标的过程和相互关联或相互作用的一组要素，其目标是在管理活动基础上形成一套行之有效的系统。管理体系是一个组织的制度及其管理制度的总称。组织在制定管理体系之前，首先要设定管理目标，做好管理规划，形成组织管理定位，将管理过程标准化，达到管理的最优效果。一个组织的管理体系可包括若干不同层面的管理体系，如质量管理体系、环境管理体系、职业健康安全管理体系、信息安全管理体系、知识产权管理体系等。

理解管理体系需要掌握以下几方面内容。

（1）体系是相互关联或相互作用的一组要素，这些要素包括过程、资源、程序和组织结构。

（2）体系是由多个要素构成的有机体，相互关联、相互作用并达到系统性和整体的协调性。

（3）管理体系是制定方针、目标，并为实现目标而形成的体系，也就是过程方法应用的结果。

（4）知识产权管理体系是管理体系中，涉及知识产权管理目标的设置和实现的这一部分体系，组织总的经营管理体系和知识产权管理体系间存在属种关系，因而知识产权管理体系是在知识产权方面建立方针和目标并实现目标的体系。

符合《科研组织知识产权管理规范》要求的知识产权管理体系为策划、完成、监视和改进知识产权管理活动的绩效提供了框架。知识产权管理体系无须复杂化，而是要准确地反映组织的需求。在建立知识产权管理体系的过程中，《科研组织知识产权管理规范》中给出的基本概念和原则可提供有价值的指南。

知识产权管理体系策划不是一劳永逸的，而是一个持续的过程。知识产权管理体系的计划随着组织的学习和环境的变化而逐渐完善。计划要考虑组织的所有知识产权活动，并确保覆盖《科研组织知识产权管理规范》的全部要求。监视、检查和评价知识产权管理体系的计划的执行情况及其绩效状况，对组织来说是非常重要的。日常的监管、内部审核、管理评审是评价知识产权管理体系有效性的方法，以识别风险和确定是否满足要求。为了有效地进行评价，需要收集有形和无形的证据。在对所收集的证据进行分析的基础上，采取纠正和改进的措施。所获取的管理知识可能会带来创新，使知识产权管理体系的绩效达到更高水平。

第三节　相关术语解析

《科研组织知识产权管理规范》在第三章列举了11条重要的术语和定义，这些概念对于理解标准、实施标准和以此为依据开展认证来讲十分重要，可以明确上述活动的主要内容并限定这些活动的行为边界。这11条概念主要引用自《质量管理体系　基础和术语》（GB/T 19000—2008）、《企业知识产权管理规范》界定术语和定义。《质量管理体系　基础和术语》规定了和管理体系认证审核有关的一系列术语，为了便于学习和理解《科研组织知识产权管理规范》，除了解读上述11条术语以外，还补充解析几个相关术语，并介绍这些术语在正文相关条款中的应用。

一、科研组织（research and development organization）

【定义】

有明确的任务和研究方向，有一定学术水平的业务骨干和一定数量的研究人员，具有开展研究、开发等学术工作的基本条件，主要进行科学研究与技术开发活动，并且在行政上有独立的组织形式，财务上独立核算盈亏，有权与其他单位签订合同，在银行有独立账户的单位。

【术语解释】

正如本标准第一章"范围"所讲的，"本标准适用于中央或地方政府建立或出资设立的科研组织的知识产权管理。其他性质科研组织可参照执行"。这个概念进一步明确了《科研组织知识产权管理规范》适用的科研组织的类型与范围，即要有一定的科研基础，以及独立的银行账户，且具有签订合同的权利基础。

二、知识产权（intellectual property）

【定义】

自然人或法人对其智力活动创造的成果依法享有的权利，主要包括专利权、商标权、著作权、集成电路布图设计权、地理标志权、植物新品种权、未披露的信息专有权等。

【术语解释】

在世界贸易组织协定中的《与贸易有关的知识产权协议》（TRIPS）第一部分第一条所规定的知识产权范围，还包括"未披露过的信息专有权"，这主要是指工商业经营者所拥有的经营秘密和技术秘密等商业秘密。这里尤其是指科研组织内部未披露的各类信息。

该条款对知识产权的类型进行了明确，在体系建立、实施运行和持续改进过程中，只要涉及专利权、商标权、著作权、集成电路布图设计权、地理标志权、植物新品种权、未披露过的信息专有权的活动，都应纳入知识产权管理体系。

三、知识产权方针（intellectual property policy）

【定义】

知识产权工作的宗旨和方向。

[GB/T 29490—2013，定义3.6]

【术语解释】

知识产权方针是由组织的最高管理者正式发布的该组织总的知识产权工作的宗旨和方向。科研组织的知识产权方针是该组织经营发展总体方针的组成部分，是最高管理者对知识产权工作的指导思想和承诺，是工作开展的总纲领。科研组织的最高管理者应确定知识产权方针并形成文件。

以某科研组织为例，知识产权方针为"加强专利布局，提升创新效率与持续创新能力，规范全流程管理，加强知识产权保护，促进科技成果转移转化"。

本标准"4.2知识产权方针和目标"条款规定了知识产权方针的具体管理要求。

四、管理体系（management system）

【定义】

建立方针和目标并实现这些目标的体系。

注：一个组织的管理体系可包括若干个不同的管理体系，如质量管理体系、财务管理体系或环境管理体系。

[GB/T 19000—2008，定义 3.2.2]

【术语解释】

根据 GB/T 19000—2008 的规定，管理体系的目的是实现组织的特定管理方针与目标，所以在建立、实施运行和持续改进管理体系时，首先要明确该组织的管理体系方针与目标。

例如，某科研组织知识产权方针为"加强专利布局，提升创新效率与持续创新能力，规范全流程管理，加强知识产权保护，促进科技成果转移转化"。知识产权长期目标如："1. 建立完善的专利信息分析、专利导航工作机制，加强研究所核心研究领域的专利布局，累计申请专利数量突破 1000 件，拥有有效授权专利总量突破 700 件；2. 不断完善知识产权创造、保护和运用的知识产权管理体系，保持知识产权管理体系证书始终处于有效状态；3. 有效促进科技成果转移转化。"

该科研组织的知识产权管理体系将紧紧围绕上述方针和目标进行策划、实施和持续改进，体系将覆盖科研人员管理、研发全流程管理、知识产权获取运用保护管理、科技成果转移转化管理、合同管理等过程，也就意味着包含上述过程涉及的人员、信息、设备设施等要素。

五、知识产权手册（intellectual property manual）

【定义】

规定知识产权管理体系的文件。

[GB/T 29490—2013，定义 3.7]

【术语解释】

知识产权手册是证实或文件化描述知识产权管理体系的文件，手册规定了知识产权管理体系的基本结构，是实施和保持知识产权管理体系的依据，也是进行体系审核或评审的依据。

本标准"4.3 知识产权手册"对其内容和管控提出了要求。

六、员工（staff）

【定义】

在科研组织任职的人员、临时聘用人员、实习人员，以科研组织名义从事科研活动的博士后、访问学者和进修人员等。

【术语解释】

该术语对于理解本标准"6.1 人力资源管理"十分重要。科研组织知识产权管理的重点之一就是科研人员管理，所以首先要弄清楚科研人员的分类。根据本条款的规定，正式员工、临时聘用人员、实习人员、以科研组织名义从事科研活动的博士后、访问学者和进修人员等，均属于员工。也就是说，上述人员均包含在本标准"6.1 人力资源管理"中涉及的"员工""项目组人员""知识产权专员"的管辖范围内。

科研组织在实施本标准或依据本标准开展审核时，应首先明确上述人员的清单。

七、知识产权记录文件（intellectual property recording document）

【定义】

记录组织知识产权管理活动、行为和工作等的文件，是知识产权管理情况的原始记录。

【术语解释】

在 GB/T 19000—2008 中，"记录"的定义为："阐明所取得的结果和提供所完成活动的证据的文件。"

注1：记录可用于文件的可追溯性的活动，并为验证、预防措施、纠正措施提供证据。

注2：通常记录不需要控制版本。

记录的作用主要是作为体系运行的证据，并提供可追溯性。所以，知识产权记录是知识产权管理活动、体系运行的重要原始证据，对于体系运行、知识产权诉讼都具有重要意义。

本标准明确要求行程记录的条款有：

4.4 文件管理"b) 建立、保持和维护知识产权记录文件，以证实知识产权管理体系符合本标准要求"；

6.1.2 入职和离职"a) 对新入职员工进行适当的知识产权背景调查，形成记录"；

6.3 合同管理"a) 对合同中的知识产权条款进行审查，并形成记录"；

7.3 执行"b) 定期做好研发记录，及时总结和报告研发成果"。

当然，虽然其他条款没有明确要求形成记录，为了保证体系运行的可追溯性和证据的完整性，也应该建立、保持和维护好知识产权记录。

八、科研项目（research project）

【定义】

由科研组织或其直属机构承担，在一定时间周期内进行科学技术研究活动所实施的项目。

【术语解释】

科研项目是开展科学技术研究的一系列独特的、复杂的并相互关联的活动，是科学研究、技术开发活动的主要开展形式，也是科研组织的主要活动内容之一。"科研项目"在本标准中也是一个十分重要的概念，仅正文部分就出现了27次。

通常，科研项目包括国家各级政府成立基金支撑的纵向科研项目（通常由负责科研管理的部门协调管理）、来自企事业单位的横向科研合作开发项目（通常由负责科技成果转移转化的部门协调管理）。

纵向科研项目的经费来源于上级机关、项目主管部门拨款，一般分为国家级项目、省部级项目。国家级项目一般由国家科学技术部、国家自然科学基金委员会等下发；省部级项目一般由省科技厅、省发展和改革委员会下发。由于纵向项目是由政府部门（或者受政府部门委托）下发的，通常带有一定的导向性，因此，纵向项目往往成为衡量一个科研组织研究水平的重要指标。在科研评价体系中，具有比横向项目更高的权重价值。

横向科研项目通常指企事业单位、兄弟单位委托的各类科技开发、科技服务、科学研究等方面的项目，以及政府部门非常规申报渠道下达的项目。由于横向项目主要不是由政府部门（或者受政府部门委托）下达的，其来源较广，较容易获得，因此，在科研评价体系中，横向项目的权重价值往往明显低于纵向项目。但是，横向科研项目的研究内容可能更贴近社会、产业的需要，研究经费往往也更多。

本标准还提出了一个"重大科研项目"的概念，并明确"由科研组织自行认定"。通常情况下，科研组织会通过项目涉及的经费规模、科研项目的重要程度、与该科研组织未来发展方向的相关性等因素，决定是否定义为重大科研项目。

九、项目组（project team）

【定义】

完成科研项目的组织形式，是隶属于科研组织的、相对独立地开展研究开发活动的科研单元。

【术语解释】

项目组一般隶属于研究中心或实验室，是研究活动的基础单元。通常情况下，项目组组长是科研活动的总负责人，职责包括项目组成员的选聘、科研活动的经费管理等。

十、专利导航（patent-based navigation）

【定义】

在科技研发、产业规划和专利运营等活动中，通过利用专利信息等数据资源，分析产业发展格局和技术创新方向，明晰产业发展和技术研发路径，提高决策科学性的一种模式。

【术语解释】

专利导航的主要目的是探索建立专利信息分析与产业运行决策深度融合、专利创造与产业创新能力高度匹配、专利布局对产业竞争地位保障有力、专利价值实现对产业运行效益有效支撑的工作机制，推动产业的专利协同运用。

对于科研组织来说，专利导航有以下三方面的积极作用，十分有必要在各个项目组推广：（1）为科技创新提供有效的竞争信息，提高创新主体的自主创新能力，有效规避和减少产业发展过程中可能出现的风险，促进科技创新质量和效益的提升；（2）融入产业发展决策体系，通过产业技术专利竞争格局分析、产业技术发展路线图研究、重大经济技术项目知识产权评议等，增强产业发展规划决策和重大项目决策的科学性、产业技术发展路线选择的合理性、产业创新政策导向的准确性以及产学研结合的针对性；（3）提升专利运用能力，通过紧贴自主创新过程，围绕创新成果保护提高专利申请质量、优化专利布局结构，促进技术商业化、产业化和市场化，实现科技创新成果的价值和效益，引导相关主体有针对性地开展专利收储、专利组合和专利交易等，实现产业内专利资源的高效整合，产业发展风险的共同防范，促进产业技术创新力和核心竞争力的有效提升。

科技成果的转移转化是创新驱动发展战略的重要组成部分，但很多科研组织并不熟悉产业，研究出的技术成果也很难直接应用于产业。专利导航机制正是帮助科研组织识别研究方向，找准产业的热点和突破点，避免重复开发，提高科研效率，使科研组织成为专利的创造主体，使产业成为专利运用的主体。

十一、知识产权专员（intellectual property specialist）

【定义】

具有一定知识产权专业能力，在科研项目中承担知识产权工作的人员。

【术语解释】

项目组（或课题组）在开展研究活动过程中，需要具有知识产权专业知识和技能的人员，对相关课题研究过程中对专利的布局、分析、挖掘与撰写提供专业指导。设立知识产权专员有助于培养更多既懂科学技术、又掌握知识产权保护与应用专业知识的复合型人才，为科研组织知识产权战略发展提供人才保障。

自 2007 年中国科学院《关于进一步加强我院知识产权工作的指导意见》决定针对重大项目与重要方向项目建立"知识产权专员"制度以来，遵循"试点先行，逐步实行"的工作原则，逐步完善知识产权专员的遴选、考核、培训与实践制度，并在其后通过《中国科学院研究机构知识产权管理暂行办法》基本明确了知识产权专员制度在科研项目知识产权全过程管理中的主要作用和职能。[1] 其他类型科研组织也可参照中国科学院的知识产权专员制度开展人才建设。

---

[1] 肖尤丹. 中国科学院知识产权专员制度评析［J］. 科技促进发展，2012（7）：42-47.

第三章 《科研组织知识产权管理规范》解析

第一节 总体要求

一、总则

【标准条款 4.1】

> 应按本标准的要求建立、实施、运行知识产权管理体系，持续改进保持其有效性，并形成知识产权管理体系文件，包括：
> a) 知识产权方针和目标；
> b) 知识产权手册；
> c) 本标准要求形成文件的程序和记录。
> 注1：本标准出现的"形成文件的程序"，是指建立该程序，形成文件，并实施和保持。一个文件可以包括一个或多个程序的要求；一个形成文件的程序的要求可以被包含在多个文件中。
> 注2：上述各类文件可以是纸质文档，也可以是电子文档或音像资料。

【术语解释】

知识产权目标是科研组织在知识产权管理上所期望的成果，也是考核的依据，要综合考虑科研组织各部门的知识产权职责、知识产权工作实际需求，建立与知识产权方针保持一致，层次分明，可量化、可考核性强，并且能够分解到各部门甚至各岗位的目标。

形成文件的程序和记录：程序是为完成某项活动所规定的方法，描述程序的文件称为程序文件，记录为体系运行实施过程的记载。

【理解要点】

《科研组织知识产权管理规范》规定了贯标工作的总体要求，是按照本标准建立、实施、运行知识产权管理体系，并持续改进保持体系的有效性，形成管理体系文件。其中，体系文件是科研组织实施知识产权管理体系的基础，包括知识产权方针、知识产权目标、知识产权手册、文件化的程序和记录四个层次的文件。这里所述的文件，可以根据科研组织的实际管理情况选择纸质文档，也可以是电子文档或音像资料。

【案例解析】

某研究所按照《科研组织知识产权管理规范》要求并结合自身原有的管理特点，建立了与本所科学研究相适应的知识产权管理体系，编制了知识产权手册、知识产权管理制度、程序文件以及相应的记录表单，符合标准及相关法律法规的要求。在知识产权手册中明确了本所的知识产权方针及目标，针对有关职能和层次建立并保持知识产权目标，知识产权目标适宜并可考核，知识产权目标与知识产权方针一致。

二、知识产权方针和目标

【标准条款4.2】

> 应制定知识产权方针和目标，形成文件，由最高管理者发布并确保：
> a) 符合法律法规和政策的要求；
> b) 与科研组织的使命定位和发展战略相适应；
> c) 知识产权目标可考核并与知识产权方针保持一致；
> d) 在持续适宜性方面得到评审；
> e) 得到员工、学生的理解和有效执行。

【术语解释】

发展战略是指对发展方向、发展速度与质量、发展点及发展能力的重大选择、规划及策略。

【理解要点】

科研组织最高管理者应发布本单位的知识产权方针和目标，且方针和目标要以文件化的方式体现。

方针和目标要符合相关法律法规的要求是指，制定知识产权方针和目标最基本的要求要合法合规。

与科研组织的使命定位和发展战略相适应是指，明确知识产权方针和目标制定的适宜性，结合科研组织实际情况制定。

知识产权目标可考核并与知识产权方针保持一致是指，知识产权方针为知识产权目标的制定提供整体框架，知识产权目标是在知识产权方针基础上制定的，强调二者间存在逻辑性。

在持续适宜性方面得到评审是指，知识产权方针和知识产权目标要能够持续改进。

得到员工、学生的理解和有效执行是指，明确方针和目标对科研组织的知识产权管理要实际发挥作用，具有有效性。

【案例解析】

某研究所的知识产权方针为：规范知识产权管理，加强知识产权保护，提高科技创新能力，促进创新成果转化。

方针含义是指，通过运行实施知识产权管理体系，规范本单位知识产权日常管理工作，加强全体员工知识产权保护意识；通过全过程知识产权管理，提高本单位科技创新能力，促进科技创新成果的价值实现。

知识产权目标为以下两类。

（1）知识产权长期目标。

建立和完善知识产权管理体系，降低知识产权纠纷风险，提高知识产权转化运用能力。实施知识产权战略，促进科技创新成果的价值实现，避免创新成果流失，持续提高本所自主创新能力。

（2）3~5年目标。

第一，5年内专利申请总量达到200件，且发明专利占比不低于50%，主持或参与制定1~3项地方或行业标准，自主知识产权拥有量达到国内同领域科研院所领先水平。

第二，进一步健全知识产权管理制度，运用知识产权提升本单位成果转化和创新能力，完成专利许可或者转让2件，每件专利转让或许可费用额度在100万元以上。

第三，提高知识产权保护意识，营造知识产权保护文化氛围，形成全所员工参与知识产权保护的格局，培养3~5名知识产权专职人员。

该所的知识产权方针与其使命定位和战略发展相适应，知识产权目标与知识产权方针保持一致，可量化，可考核性强。

三、知识产权手册

【标准条款4.3】

> 编制知识产权手册并应保持其有效性，包括：
> a）知识产权组织管理的相关文件；
> b）人力资源、科研设施、合同、信息管理和资源保障的知识产权相关文件；
> c）知识产权获取、运用、保护的相关文件；
> d）知识产权外来文件和知识产权记录文件；
> e）知识产权管理体系文件之间相互关系的表述。

【名称解释】

知识产权手册是知识产权管理体系的纲领性文件，是对体系进行总体阐述和系统介绍的指导性文件。

知识产权外来文件是指来自科研组织外部的行政决定、司法判决、律师函等对科研组织知识产权可能产生影响的重要文件。

记录文件是指对产生相关的知识产权的重要过程应予以记录，明确产生相关知识产权的原因、过程等，同时对记录文件在各个环节应予以保存。

【理解要点】

（1）知识产权手册提供了科研组织进行知识产权系统管理的综合要求，是组织实施、运行知识产权管理体系的纲领性文件。

科研组织应编制适合自身特征的知识产权手册，并实施和保持知识产权手册中所描述的知识产权管理体系。知识产权手册的内容应随着科研组织的知识产权管理体系的变化而变化。知识产权手册的结构、详略程度和编排格式取决于科研组织的类型、规模、知识产权及科研活动或知识产权全寿命周期过程的复杂程度及管理的特点。

（2）知识产权手册的内容应包括以下方面。

① 知识产权管理体系的范围，即科研组织的知识产权管理体系覆盖的科研业务、知识产权过程和场所/区域的范围。如果因组织及其科研的性质而对标准中的某些要求不适用时，组织应在知识产权手册中说明删减的具体细节并阐明充分的理由。

② 科研组织编制的形成文件的知识产权管理程序或对其引用。知识产权手册中可以包括科研组织编制的形成文件的程序，也可以引用这些形成文件的程序。对大多数大型的科研组织而言，由于过程多，活动复杂，知识产权手册和程序文件所要求的内容相对较多，可以把知识产权手册和程序文件分开来写，而一些小型组织则可以把二者合而为一，即大科研组织"薄手册"，小科研组织"厚手册"。

③ 对科研组织应用的知识产权管理体系过程及过程之间相互作用进行描述，这也是标准 4.1 总要求的具体体现。对这些过程描述的详略程度取决于科研组织的科研类型、规模、项目或过程的复杂程度和组织的需求，组织也可以通过流程图、图示、对照表等方式描述过程之间的相互作用。

（3）知识产权手册是一种文件，应按文件控制的要求进行管理。

（4）知识产权手册是描述组织的知识产权管理体系的文件，其中应包含对组织的知识产权管理体系各个过程的充分而适宜的描述，包括为了实现知识产权方针和目标所需要进行的策划活动、体系管理活动、资源管理、知识产权创造、保护、运用活动和监视检查活动，明确过程的输入、输出、活动、职责、权限及过程间的接口关系等。手册还可以包括组织的与知识产权相关的经营活动；知识产权管理体系的主要特点；知识产权方针和知识产权目标；组织介绍，如组织结构图；文件如何使用以及在哪里可以找到相关程序；组织的专用术语和定义等内容。

（5）手册应包含表述知识产权组织管理的相关文件，其中包括对最高管理者、管理者代表、知识产权管理机构、知识产权服务支撑机构、研究中心、项目组的表述；

包含人力资源、科研设施、合同、信息管理、资源保障等基础资源的表述；

包含表述知识产权获取、运用、保护等科研项目管理的相关文件；

包含知识产权相关外来文件和记录文件；

包含对知识产权管理体系所有过程之间相互关系的说明。

【案例解析】

某研究所编制的《知识产权手册》，目录为：

颁布令

前言

1 总则

 1.1 知识产权方针

 1.2 知识产权目标

2 知识产权管理体系组织架构

3 基础管理

 3.1 人力资源管理

 3.2 科研设施管理

 3.3 合同管理

 3.4 信息管理

4 科研项目管理

 4.1 分类

 4.2 立项

 4.3 执行

 4.4 结题验收

5 知识产权运用

5.1 评估与分级管理

5.2 实施和运营

5.3 许可和转让

5.4 作价投资

6 知识产权保护

7 资源保障

7.1 条件保障

7.2 财务保障

8 检查与改进

8.1 检查监督

8.2 评审改进

附录1：管理者代表任命书

附录2：术语和定义

附录3：知识产权管理职责说明

附录4：知识产权管理职责分配表

附录5：知识产权制度文件清单

附录6：知识产权记录文件清单

该手册涉及标准的全部条款与要素，明确了知识产权管理机构的职责，写明了对各程序文件的引用说明，能够突出科研组织的管理特点以及重要的工作流程。

四、文件管理

【标准条款4.4】

知识产权管理体系文件应满足以下要求：

a) 文件内容完整、表述明确，文件发布前需经过审核、批准；文件更新后再发布前，要重新进行审核、批准；

b) 建立、保持和维护知识产权记录文件，以证实知识产权管理体系符

> c）按文件类别、秘密级别进行管理，易于识别、取用和阅读，保管方式和保管期限明确；
> d）对行政决定、司法判决、律师函件等外来文件进行有效管理；
> e）因特定目的需要保留的失效文件，应予以标记。

【理解要点】

体系文件首次发布使用前以及经过修订后对新版本再次发布的都需要经过正式审核和批准，必须经过各级授权人员的审核和批准，手册中的文件表述要清晰、完整，采用科学、可量化的词语明确表达文件的要求。

记录是阐明所取得的结果或提供所完成活动的证据文件，应在标准要求的各控制节点建立并保持相应过程活动记录，证实管理体系的运行符合标准的要求。

不同层级、不同类别以及不同保密等级的文件应分别进行管理，文件可按受控文件与非受控文件密级管理，也可以按秘密、机密、绝密等密级管理，文件有唯一标识编码，便于识别和取用，明确不同层级文件的归档保管部门、保管的方式、保管的期限。

对行政决定、司法判决、律师函件等重要的外来文件要确保来源和取得时间以及保管的期限等，便于识别，以便对不同的外来文件能够及时做出相应反馈。

原则上失效文件应予以销毁，但是因特定目的需要保留的失效文件，必须予以充分、明显的标记。

【案例解析】

某研究所的文件归口部门办公室，编制有《研究所档案管理办法》，对知识产权管理体系文件发文工作流程确定：明确具体文件的编制人或部门，相应体系文件由部门负责人审核；主管所领导审核批准后发布，由办公室在OA办公系统中进行电子版公开发文，确保文件正式发布时内容完整、表述明确。如《研究所促进科技成果转化实施办法》由科技处编制，经科技成果转移转化处审核，最后经办公室报主管所领导批准签发，上传于 OA 办公系统发文模块中，供全所人员下载阅读执行。

第二节　组织管理

一、最高管理者

【标准条款 5.1】

> 最高管理者是科研组织知识产权管理第一责任人，负责：
> a) 制定、批准发布知识产权方针；
> b) 策划并批准知识产权中长期和近期目标；
> c) 决定重大知识产权事项；
> d) 定期评审并改进知识产权管理体系；
> e) 确保资源配备。

【术语解释】

根据 ISO 9000 标准条款定义，最高管理者是在最高层指挥和控制组织的一个人或一组人。科研组织的最高管理者是科研组织的第一责任人，一般指研究所所长。

知识产权类型包括专利权、计算机软件著作权、集成电路布图设计专有权、植物新品种权、技术秘密等，科研组织参与的国家科技重大专项中所产生的知识产权可认定为重大知识产权，应将知识产权管理纳入重大专项实施全过程，掌握知识产权动态，保护科技创新成果，明晰知识产权权利和义务，促进知识产权应用和扩散，全面提高知识产权创造、运用、保护和管理能力。❶

【理解要点】

最高管理者是科研组织知识产权管理的第一责任人。第一责任人的含义包括权利和义务两方面，一方面是最高管理者拥有知识产权管理体系内

---

❶ 以上参见《国家科技重大专项知识产权管理暂行规定》。

所有决策的最高决定权和所有冲突的最终裁量权，所有中低层管理者必须经最高管理者授权；另一方面是最高管理者同时也担负为体系指明方向和目标、配备所需资源、评价管理绩效并持续改进的义务。

最高层级的 PDCA 循环中的除了实施（D）之外的其他三个环节都掌握在最高管理者手中，制订方针目标、配置各项资源均属于体系策划（P）的范畴，管理评审属于体系检查评价（C）和改进（A）的内容。

【案例解析】

某研究所所长是其知识产权管理体系的最高管理者，为全所的知识产权管理工作指明方向和目标，建立完善知识产权管理制度与控制程序，并运用知识产权管理制度与控制程序提高科技创新层次，落实完成知识产权工作目标，保护科技创新成果，促进知识产权转移和运用。所长指派科研业务部门承担研究所的知识产权管理主责部门，购置了知识产权管理软件、查新检索数据库、培养了若干名知识产权专职人员，并定期以会议的形式组织各部门主要负责人对研究所知识产权工作进行评价，发现知识产权工作中的不足，及时制定纠正措施计划并进行改进，不断完善知识产权管理体系，为知识产权的有效保护、合理运用提供了有力的保障。

二、管理者代表

【标准条款 5.2】

最高管理者可在最高管理层中指定专人作为管理者代表，总体负责知识产权管理事务：

a）统筹规划知识产权工作，审议知识产权规划，指导监督执行；

b）审核知识产权资产处置方案；

c）批准发布对外公开或提交重要的知识产权文件；

d）协调涉及知识产权管理部门之间的关系；

e）确保知识产权管理体系的建立、实施、保持和改进。

【术语解释】

管理者代表作为最高管理者部分职权的代表行使者，行使标准规定的职责并达到相应的要求，必须由最高管理者指定并授权。

知识产权规划是指，组织制定的比较全面长远的知识产权发展计划，是对未来整体性、长期性、基本性问题的思考，设计未来知识产权整体工作的方案。

知识产权资产是受法律保护的无形资产，例如，科研组织在科学试验等创新过程中，所发明产生的专利、商标、计算机软件著作权、版权、商业秘密等均是知识产权无形资产。

【理解要点】

最高管理者应在科研组织最高管理层中指定专人作为管理者代表，负责知识产权管理相关工作，统一安排科研组织的知识产权工作，对知识产权规划进行审议并指导监督执行，对知识产权资产处置方案进行审核，对相关重要的知识产权文件对外发布进行审批，协调各知识产权职能部门之间的关系，确保知识产权管理体系的建立、实施并保持体系运行的有效性、适宜性。

【案例解析】

某研究所最高管理者任命该所分管知识产权与成果转移转化的副所长为知识产权管理者代表，主管全所的知识产权工作，其具体工作职责为：统一按照全所的知识产权工作，对研究所知识产权主责部门科技处拟定的知识产权规划进行审议并指导监督执行；对知识产权资产处置方案进行审核，对相关重要的知识产权文件对外发布进行审批；协调所里各知识产权职能部门之间的关系，确保知识产权管理体系的建立、实施并保持体系运行的有效性、适宜性。

三、知识产权管理机构

【标准条款5.3】

> 建立知识产权管理机构，并配备专职工作人员，承担以下职责：
> a）拟定知识产权规划并组织实施；
> b）拟定知识产权政策文件并组织实施，包括知识产权质量控制，知识产权运用的策划与管理等；

c）建立、实施和运行知识产权管理体系，向最高管理者或管理者代表提出知识产权管理体系的改进需求建议；

d）组织开展与知识产权相关的产学研合作和技术转移活动；

e）建立专利导航工作机制，参与重大科研项目的知识产权布局；

f）建立知识产权资产清单，建立知识产权资产评价及统计分析体系，提出知识产权重大资产处置方案；

g）审查合同中的知识产权条款，防范知识产权风险；

h）培养、指导和评价知识产权专员；

i）负责知识产权日常管理工作，包括知识产权培训，知识产权信息备案，知识产权外部服务机构的遴选、协调、评价工作等。

注：重大科研项目由科研组织自行认定。

【术语解释】

专利导航是指在科技研发、产业规划和专利运营等活动中，通过利用专利信息等数据资源，分析产业发展格局和技术创新方向，明晰产业发展和技术研发路径，提高决策科学性的一种模式。

知识产权布局是指组织综合产业、市场和法律等因素，对知识产权进行有机结合，涵盖组织利害相关的时间、地域、技术和产品等维度，构建严密高效的知识产权保护网，最终形成对组织有利格局的知识产权组合。

科研项目是指由科研组织或其直属机构承担，在一定时间周期内进行科学研究活动所实施的项目。

知识产权专员是指具有一定知识产权专业能力，在科研项目中承担知识产权工作的人员。

【理解要点】

建立知识产权管理机构，并配备专门负责知识产权工作的人员，承担以下职责。

根据科研组织的实际情况、战略定位、发展目标等制定知识产权发展规划。

制定包括知识产权质量控制、知识产权运用策划与管理、知识产权奋斗目标、知识产权工作原则、工作方式的知识产权政策性文件。

建立专利导航工作机制，参与重大科研项目的知识产权布局。

建立知识产权资产清单，建立知识产权资产评价及统计分析体系，对重大知识产权资产能够提出处置方案。

对人事、采购、知识产权对外委托业务、委托开发、合作开发等合同中的知识产权条款进行审查，防范知识产权风险。

培养、指导知识产权专员的工作技能，并对其进行评价考核。

负责知识产权日常管理工作，包括知识产权培训，知识产权信息备案，知识产权外部服务机构的遴选、协调、评价工作等。

【案例解析】

2018年中国科学院正式启动《科研组织知识产权管理规范》贯标工作，某研究所出于战略定位、发展目标和实际情况的需求，开展知识产权贯标工作，并在全所正式下发《关于成立知识产权贯标领导小组、协调小组、工作小组的通知》，工作小组办公室设在科研处，主要负责全所知识产权规范建设，运行和维护科研项目从立项、执行、结题验收、成果转移转化全过程知识产权管理。科研处主要工作职责是牵头负责研究所知识产权管理体系建立、运行、评价和改进，审查合同中的知识产权条款，培养、指导和评价知识产权专员；并向管理者代表提出知识产权管理体系的改进需求和建议；按照研究所知识产权方针和目标，拟定知识产权规划并组织实施，承担全所的知识产权产出管理。

四、知识产权服务支撑机构

【标准条款5.4】

> 建立知识产权服务支撑机构，可设在科研组织中负责信息文献的部门，或聘请外部服务机构，承担以下职责：
> a) 受知识产权管理机构委托，为建立、实施与运行知识产权管理体系提供服务支撑；
> b) 为知识产权管理机构提供服务支撑；

> c) 为科研项目提供专利导航服务；
> d) 负责知识产权信息及其他数据文献资源收集、整理、分析工作。

【理解要点】

科研组织应建立知识产权服务支撑机构，为建立、实施与运行知识产权管理体系提供支撑服务，为知识产权管理体系的有效运行提供软件、硬件、技术等服务支撑，为科研项目提供专利导航服务、对知识产权信息资源及其他文献数据资料进行检索收集、分类整理、分析加工等。如聘请外部服务机构作为支撑机构，则应开展定期评审等工作，保证服务质量持续满足科研组织的需求。

【案例解析】

某研究所设置文献情报中心，为研究所的知识产权管理提供知识产权信息资源的服务，并配备知识产权专员以及信息检索人员，开展专利信息的检索收集、分类整理、分析加工，同时该部门知识产权专员与委托的外部专利代理机构，共同完成重大科研项目的专利导航工作。该所的服务支撑机构还包括信息中心、测试中心，为知识产权管理工作的有效运行提供软件、硬件、科研设施等支撑服务。

五、研究中心

【标准条款5.5】

> 研究中心应配备知识产权管理人员，协助研究中心负责人，承担本机构知识产权管理工作，具体包括以下职责：
> a) 拟定知识产权计划并组织实施；
> b) 统筹承担科研项目的知识产权工作；
> c) 知识产权日常管理，包括统计知识产权信息并报送知识产权管理机构备案等；
> d) 确保与知识产权管理机构的有效沟通，定期向其报告知识产权工作情况。
> 注：研究中心是指科研组织直接管理的实验室、研究室等机构。

【术语解释】

研究中心是指，科研组织直接管理的实验室、研究室、研究单元等机构，是科研组织根据研究方向、研究内容、学科领域等成立的组织单元。

【理解要点】

研究中心需要配备知识产权相关管理人员，负责科研项目知识产权管理工作，具体内容包括以下方面。

拟定并组织实施知识产权工作计划，工作计划可从知识产权获取、维护、运用、保护、管理等方面进行考虑。

统一筹划并承担科研项目中的知识产权工作，包括科研项目的知识产权挖掘、申请、评估管理等工作。

负责本研究中心的知识产权日常管理，包括对本研究中心的知识产权信息统计并报送知识产权管理机构备案等。

定期与知识产权管理机构进行有效沟通，并向其报告知识产权工作情况。

【案例解析】

某研究所按照科研方向，设置有5个实验室，每个实验室室主任负责科研项目知识产权工作。每个实验室均配备专职的知识产权管理人员，具体职责如下。

（1）拟定知识产权工作计划，包括专利、商标、软件著作权等知识产权的获取计划，并负责按照上述计划组织实施。

（2）对实验室所承担科研项目的知识产权工作进行管理，负责科研项目从立项、执行、结题验收全过程的知识产权管理工作。

（3）知识产权日常管理，包括统计专利、商标、软件著作权等知识产权信息并报送知识产权主管部门备案。

（4）负责与知识产权主管部门进行有效沟通，定期汇报实验室的知识产权工作进展情况。

六、项目组

(一) 项目组长

【标准条款 5.6.1】

> 项目组长负责所承担科研项目的知识产权管理,包括:
> a) 根据科研项目要求,确定知识产权管理目标并组织实施;
> b) 确保科研项目验收时达到知识产权考核的要求;
> c) 设立项目组知识产权专员。

【术语解释】

项目组是完成科研项目的组织形式,是隶属于科研组织的、相对独立地开展研究、开发活动的科研单元。

【理解要点】

科研项目的知识产权管理工作由项目组长承担,项目组长根据科研项目要求,确定本组的知识产权管理目标,并组织组内成员实施完成;确保科研项目在结题验收时能够达到该项目的知识产权考核要求;在项目组中设立专门负责知识产权管理的专职工作人员。

【案例解析】

某研究所牵头承担淡水生态学科研项目研究,项目组长为博士生导师李主任,牵头负责该项目的科研工作和知识产权管理工作,包括确定本组的知识产权管理目标,并组织实施,确保研究项目能够达到验收知识产权考核要求等,项目组长李主任任命项目组成员王工程师担任知识产权专员,协助其负责知识产权管理工作,项目组知识产权专员工作主要是负责专利检索、专利导航、专利申请、向知识产权主管部门上报归档专利档案等文件。

(二) 知识产权专员

【标准条款 5.6.2】

> 协助项目组长进行科研项目知识产权管理,负责:
> a) 专利导航工作;

> b) 知识产权信息管理,并定期向研究中心报告科研项目的知识产权情况;
> c) 组织项目组人员参加知识产权培训;
> d) 项目组知识产权事务沟通。

【理解要点】

知识产权专员是项目组内专门负责知识产权工作的专职人员,协助项目组长进行科研项目的立项、执行、结题验收等过程的知识产权管理工作。依据科研项目研究方向、领域等开展专利导航工作,以专利信息资源利用和专利分析为基础,把专利运用嵌入科研项目创新中,定期以书面、邮件、报告、会议等形式向研究中心报告科研项目的知识产权情况;组织项目组人员参加研究所内外部知识产权培训;负责项目组知识产权相关事务沟通工作。

【案例解析】

某研究所出于战略定位,为建立更加规范的知识产权管理体系,从而对科研项目全过程进行知识产权管理,组织所内各研究中心以及项目组负责知识产权工作人员参加外部组织的科研组织知识产权管理规范内审员培训,并通过考试取得内审员资格,成为研究所内专门负责知识产权工作的专职人员。各项目组知识产权专员协助项目组长进行科研项目全过程知识产权管理,按照科研方向,开展专利导航工作,设立科研项目专利获取目标,并按照目标要求对项目进行专利挖掘,进行检索分析,向国家知识产权局提出专利申请,并定期向研究中心汇报专利进展情况,建立专利获取清单,其中注明专利申请的法律状态。项目组知识产权专员定期组织大家进行知识产权相关知识教育培训活动,课程包括高价值专利挖掘、有效专利检索分析、专利申请事务流程讲解等。

第三节　基础管理

一、人力资源管理

（一）员工权责

【标准条款6.1.1】

> 通过人事合同明确员工的知识产权权利与义务，包括：
> a) 与员工约定知识产权权属、奖励报酬、保密义务；
> b) 建立职务发明奖励报酬制度，依法对发明人给予奖励和报酬，对为知识产权运用做出重要贡献的人员给予奖励；
> c) 明确员工造成知识产权损失的责任。

【术语解释】

人事合同亦可称为聘用合同，是劳动合同的一种，是确立聘用单位与应聘的劳动者之间权利义务关系的协议。

【理解要点】

通过签订人事聘用合同方式对员工进行管理，约定知识产权权属、奖励报酬、保密义务等，降低科研组织知识产权风险；建立职务发明创造奖励报酬制度，依法对发明人给予奖励和报酬，激励员工在科研组织知识产权运用方面多做工作，在知识产权实施、许可、转移转化方面，应根据所获得的收益比例给予员工奖励和报酬，明确员工造成知识产权损失的责任，惩戒员工在知识产权管理过程中造成的损失，例如，未经审批在专利申请前公开发表论文，使得专利技术内容提前公开，导致丧失新颖性。

【案例解析】

某研究所目前拥有职工300人，人员类型包括与研究所签订正式聘用合同的在编人员，以及部分与劳务派遣公司签订合同的非在编人员，针对所有在编人员统一签订有制式《聘用合同》，合同中明确约定知识产权权属以及保密义务条款。由于非在编人员与劳务派遣公司签订有劳务合同，因此入所时补签有《保密协议》，保密协议中约定有知识产权权属以及保密条款。研究所制定有《科研绩效奖励办法》，为进一步调动科研人员积极性，提高科研水平，促进科研产出，推动研究所科研事业不断向前发展，细化科研成果奖励范围和指标，根据国家有关法律法规和中国科学院相关规定，制定有《科研绩效奖励办法》，奖励对象：所有职工（含岗位聘用、项目聘用、劳务派遣和临时聘用）、博士后（全日制和在职）和研究生（含招统分、委培、定向、客座），其中明确专利奖励：国内授权发明专利，奖励1万元；国内授权实用新型专利，奖励500元；国外授权发明专利，奖励5万元。著作权奖励：在正式出版、公开发行且署名方式中注明作者为本所人员的学术著作（指学术专著、基础理论著作、应用技术著作），奖励1万元，其他著作（指译著、论文集、科普读物、教科书、工具书），奖励6000元。奖励额度根据作者实际排名次序，按100%、60%、30%递减，排名第四以后不予奖励。同时制定《知识产权惩罚制度》，其中明确员工在知识产权管理工作过程中存在玩忽职守、严重浪费、剽窃他人成果、泄露商业秘密等行为，视情节的轻重程度分别予以警告、记过、降级、撤职、留用察看、开除和罚款等惩罚；情节特别严重的，依法追究法律责任。

(二) 入职和离职

【标准条款6.1.2】

加强入职、离职人员的知识产权管理，包括：

a) 对新入职员工进行适当的知识产权背景调查，形成记录；

b) 对于与知识产权关系密切岗位，应要求新入职员工签署知识产权声明文件；

c) 对离职、退休的员工进行知识产权事项提醒，明确有关职务发明的权利和义务；

d) 涉及核心知识产权的员工离职时，应签署知识产权协议或竞业限制协议。

【术语解释】

竞业限制是指用人单位和知悉本单位商业秘密或者其他对本单位经营有重大影响的劳动者在终止或解除合同后,一定期限内不得在生产同类产品、经营同类业务或有其他竞争关系的用人单位任职,也不得自己生产与原单位有竞争关系的同类产品或经营同类业务。

【理解要点】

对新入职员工进行适当的知识产权背景调查,以避免侵犯他人知识产权;知识产权背景调查可以采取问卷填写、电话核实的方式进行,必要时可以到员工的前雇主处进行走访。对于研究开发等与知识产权关系密切的岗位,应要求新入职员工签署知识产权声明文件;人事部门应该确定与知识产权关系密切的岗位范围,签署入职知识产权声明的员工,可以同时作为签订保密协议或竞业限制协议的人员范围。

对离职的员工进行相应的知识产权事项提醒,提醒的内容主要是告知员工在职期间接触的技术秘密均属于研究所所有。明确员工需要保守的具体的技术秘密内容,以书面形式固定,使员工明确离职后不得以任何理由透露给第三者;同时,对职务发明的权属作出规定或约定等。涉及核心知识产权的员工离职时,应签订离职知识产权协议或执行竞业限制协议,给予离职员工约定的补偿金额。

【案例解析】

某研究所对新入所人员由人事教育处进行入职知识产权背景调查,填写有入职知识产权背景调查表,其中涉及离职原因,之前工作中所涉及的知识产权情况,是否与前雇主签订有知识产权声明或者竞业限制协议等内容。该调查由人事教育处纸件存档管理。对所有离职或退休人员进行书面离职提醒,签署《离职知识产权协议》,其中明确职务发明创造的权利义务,严格遵守保守技术秘密的义务。明确约定离职后一定期限内所完成与原科研项目有关的发明创造的知识产权权属。

（三）培训

【标准条款 6.1.3】

> 组织开展知识产权培训，包括：
> a）制定知识产权培训计划；
> b）组织中、高层管理人员的知识产权培训；
> c）组织知识产权管理人员的培训；
> d）组织项目组长、知识产权专员的专项培训；
> e）组织员工的知识产权培训。

【理解要点】

根据各部门以及各职级的培训需求制定知识产权培训计划并执行，组织中、高层管理人员进行知识产权培训，培训内容可从提升组织知识产权综合实力、推动科研组织知识产权战略等顶层设计考虑；组织知识产权管理人员培训，培训内容可从优化知识产权管理、完善现有管理制度等考虑；组织项目组长、知识产权专员的专项培训，培训内容可从专利挖掘、检索、撰写等专题考虑；组织员工的知识产权培训，可从增强员工知识产权保护意识、知识产权管理体系建设意义等考虑。

【案例解析】

某研究所人事教育部门协同知识产权部门负责全所的培训工作，制定有年度知识产权培训计划，其中包括培训主题、培训具体内容、培训日期、培训主讲人、培训考核方式等内容，涉及培训内容包括中高层管理者的《加快科研组织知识产权管理体系建设提升综合竞争力》；知识产权管理人员的《专利申请事务流程管理》；项目组长、知识产权专员的《专利检索策略制定》《技术交底书的撰写》；全体员工的《科研组织知识产权管理规范宣贯》。制定有培训实施记录表单、签到表、培训效果评价表等，证明培训工作的有效开展。

（四）项目组人员管理

【标准条款6.1.4】

> 加强项目组人员的知识产权管理，包括：
> a）针对重大科研项目进行项目组人员知识产权背景调查；必要时签署保密协议；
> b）在论文发表、学位答辩、学术交流等学术事务前，应进行信息披露审查；
> c）在项目组人员退出科研项目时，进行知识产权提醒。

【术语解释】

信息披露是指把科研组织的相关信息，向社会公众公开披露的行为。

【理解要点】

项目组人员能够直接接触到所承担的科研项目具体信息，因此应重点加强管理，防止发生知识产权风险。针对项目组承担重大科研项目时，应对项目组人员进行知识产权背景调查，可以采取问卷填写、电话核实的方式进行，涉及项目核心岗位人员的，必要时可以签署保密协议，明确其所承担的保密义务，在论文发表、学位答辩、学术交流等学术事务前，进行信息披露前审查，防止相关保密信息的泄露，在项目组人员退出科研项目时，进行知识产权事项提醒，防止知识产权权利流失。

【案例解析】

某研究所项目组承担国家自然科学基金委员会项目研究，该项目为国家重大项目，项目组管理人员对每位项目人员均以书面调查的形式开展知识产权背景调查，调查内容涉及之前承担类似项目的情况，之前工作中所涉及的知识产权情况，是否与前雇主签订有知识产权声明或者竞业限制协议等内容，并且均签订有专项保密协议。该所制定有《科研项目信息披露管理办法》，其中明确约定以论文发表、专利申报、学术交流等任何形式的科研项目信息披露均要由项目组负责人以及科研主管部门进行审查。

（五）学生管理

【标准条款 6.1.5】

> 加强学生的知识产权管理，包括：
> a）组织学生进行知识产权培训，提升知识产权意识；
> b）学生进入项目组，应进行知识产权提醒；
> c）在学生发表论文、进行学位答辩、学术交流等学术事务前，应进行信息披露审查；
> d）学生因毕业等原因离开科研组织时，可签署知识产权协议或保密协议。

【理解要点】

项目组中参与科研项目的学生能够直接接触所承担的科研项目具体信息，因此也应加强学生的管理，防止发生知识产权风险，学生包括：在科研组织中学习并从事科学理论或实验研究的硕士研究生或博士研究生，还包括联合培养、委托培养、短期实习、毕业设计等学生，项目组管理人员应对学生进入项目组时，开展增强知识产权保护意识，防止知识产权泄露等内容的培训教育。对进入项目组的学生进行相应知识产权提醒，在论文发表、学位答辩、学术交流等学术事务前，进行信息披露前审查，防止相关保密信息的泄露，学生毕业退出科研组织时，可以签署知识产权协议或者保密协议，防范知识产权风险。

【案例解析】

某研究所知识产权管理部门协助人事教育处对新入所的学生开设知识产权宣贯讲座，提升学生的知识产权保护意识以及保密意识。每位学生入所时均要求签订《入学承诺书》，其中包含保密、职务发明知识产权权属等内容。同时该所制定有《论文发表审查表》《专利申请审查表》《学术交流审查表》《论文答辩信息审查表》，对学生在发表论文、学位答辩、学术交流等学术事务前，进行信息披露审查。

二、科研设施管理

【标准条款 6.2】

> 加强科研设施的知识产权管理，包括：
> a) 采购实验用品、软件、耗材时进行知识产权审查；
> b) 处理实验用过物品时应进行相应的知识产权检查；
> c) 在仪器设备管理办法中明确知识产权要求，对外租借仪器设备时，应在租借合同中约定知识产权事务；
> d) 国家重大科研基础设施和大型科研仪器向社会开放时，应保护用户身份信息以及在使用过程中形成的知识产权和科学数据，要求用户在发表著作、论文等成果时标注利用科研设施仪器情况。

【术语解释】

重大科研基础设施和大型科研仪器是指，由政府预算资金投入建设和购置的用于科学研究和技术开发活动的各类重大科研基础设施和单台（套）价值在 50 万元及以上的科学仪器设备。

【理解要点】

在采购涉及知识产权的产品过程中，收集相关知识产权信息，进行知识产权审查，避免采购知识产权侵权产品。可通过对供方知识产权信息的检索分析、现场考察、舆情监控等方式分析得出。

在处理实验用过物品时应进行相应的知识产权检索，防止知识产权信息以废弃实验用品为媒介泄露。

制定仪器设备管理办法，其中明确知识产权要求，对外租借仪器设备时，应在租借合同中约定知识产权事务。

国家重大科研基础设施和大型科研仪器向社会开放时，重大科研基础设施和大型仪器的管理单位应保护科研设施与仪器用户身份信息及在使用过程中形成的知识产权和科学数据。用户独立开展科学实验形成的知识产权由用户自主拥有；用户与管理单位联合开展科学实验形成的知识产权，双方应事先约定知识产权归属或比例。用户使用科研设施与仪器形成的著作、论文等发表时，应明确标注利用科研设施与仪器情况。

科研基础设施、设备和科研仪器等是实现知识产权运行符合要求的物质保证。科研组织应确定、提供并维护所需要的科研基础设施、设备和仪器。科研基础设施、设备和科研仪器的管理要求有以下几点。

（1）"确定"基础设施、设备和仪器。科研组织应根据实施知识产权过程的实际需要以及所要达到的目标来确定需要哪些基础设施、设备和仪器，以保证基础设施、设备和仪器满足知识产权管理体系运行和过程的需求。

（2）"提供"基础设施、设备和仪器时，应根据所确定的实际需要来配备适用的基础设施、设备和仪器，使知识产权管理活动得以正常开展。通常科研组织会制定相应的设备设施购置制度，并依据相应的制度购置所需的设施、设备和仪器。

（3）"维护"基础设施、设备和仪器则是通过一系列的维护和保养管理制度、要求和活动来保持基础设施满足组织所要求的能力。

不同的科研组织因其知识产权管理体系过程和科研的特点不同，所需的基础设施、设备和仪器也不尽相同，需要根据具体的情况，例如，影响程度、价值、特性等确定具体的管理要求。

【案例解析】

某研究所制定有《科研仪器设备采购管理办法》，其中明确在采购实验用品、软件、耗材时，由资产处收集相关知识产权信息，进行知识产权审查，避免采购知识产权侵权产品。

该所制定有《仪器设备资源共享管理办法》，其中明确仪器设备在对外租借时，在租借合同中约定知识产权事务。

涉及国家重大科研基础设施和大型科研仪器向社会开放时，依据国家颁布的《国家重大科研基础设施和大型科研仪器开放共享管理办法》，自科研设施与仪器完成安装使用验收之日起30个工作日内，将有关信息报送至国家网络管理平台，把科研设施与仪器纳入国家网络管理平台统一管理。与用户订立合同，约定服务内容、知识产权归属、保密要求、损害赔偿、违约责任、争议处理等事项，建立完善的科研设施与仪器运行和开放情况记录，保护科研设施与仪器用户身份信息及在使用过程中形成的知识产权和科学数据。用户独立开展科学实验形成的知识产权由用户自主拥有；用户与管理单位联合开展科学实验形成的知识产权，双方应事先约定知识产权归属或比例。用户使用科研设施与仪器形成的著作、论文等发表时，应明确标注利用科研设施与仪器情况。

三、合同管理

【标准条款6.3】

> 加强合同中的知识产权管理，包括：
> a）对合同中的知识产权条款进行审查，并形成记录；
> b）检索与分析、预警、申请、诉讼、侵权调查与鉴定、管理咨询等知识产权对外委托业务应签订书面合同，并约定知识产权权属、保密等内容；
> c）在进行委托开发或合作开发时，应签订书面合同，明确约定知识产权权属、许可及利益分配、后续改进的权属和使用、发明人的奖励和报酬、保密义务等；
> d）承担涉及国家重大专项等政府项目时，应理解该项目的知识产权管理规定，并按照要求进行管理。

【理解要点】

应对人事合同、采购合同、委托/合作开发合同、知识产权对外委托合同中有关知识产权条款进行审查，并形成记录，防范知识产权风险。

对检索与分析、预警、申请、诉讼、侵权调查与鉴定、管理咨询等知识产权对外委托业务应签订书面合同，并约定知识产权权属、保密等内容。

在进行委托开发或合作开发时，应签订书面合同，在书面合同中明确约定知识产权权属、许可及利益分配、后续改进的权属和使用、发明人的奖励和报酬、保密义务等知识产权事宜，将可能产生的知识产权风险责任承担和纠纷解决方式固定下来。

承担涉及国家重大专项等政府支持项目时，应理解项目相关的知识产权管理规定，并按照要求进行管理，重在理解相关规定。

【案例解析】

某研究所制定有《研究所合同管理办法》，明确约定合同中涉及国家秘密的条款，应严格遵守《中华人民共和国保守国家秘密法》和研究所相关保密规定。项目相关人员应签订保密责任书，并按合同约定承担相应保密责任。

合同中对风险责任的承担做出明确约定。各方主观上无过错的，各自承担各方产生的损失，不以任何理由向另一方主张赔偿；若研究所在主观上存在过错且导致另一方损失的，本所承担的损失赔偿金额不超过按合同已收取的总金额。

合同中应对所产生的科研成果知识产权归属及权益分配做出明确约定，原则上科研成果知识产权应约定归属本所或按照一定比例共同享有。

所有合同签订前，根据合同签订的授权权限确定审批环节并填写《合同审批表》，对合同中知识产权条款进行审核和签批，防范知识产权风险。

四、信息管理

【标准条款6.4】

> 加强知识产权信息管理，包括：
> a）建立信息收集渠道，及时获取所属领域、产业发展、有关主体的知识产权信息；
> b）建立专利信息分析利用机制，对信息进行分类筛选和分析加工，形成产业发展、技术领域、专利布局等有关情报分析报告，并加以有效利用；
> c）建立信息披露的知识产权审查机制。

【术语解释】

专利布局是指组织综合产业、市场和法律等因素，对专利进行有机结合，涵盖组织利害相关的时间、地域、技术和产品等维度，构建严密高效的专利保护网，最终形成对组织有利格局的专利组合。

【理解要点】

建立信息收集渠道，及时获取所属领域、产业发展、有关主体的知识产权信息。信息包括专利、商标、著作权等知识产权各类公开文件中的信息以及期刊、学位论文等各类文献资料中的技术信息，通常通过定期检索的方式完成。

对信息进行分类筛选和分析加工，并加以有效利用，信息资源管理的重点和难点是分类筛选和分析加工，也称作信息数据处理，经过处理之后，复杂的信息才能转化为"有用"信息。信息分析人员定期将有用信息在研究所内部共享，相关人员可各取所需加以利用。

在对外信息发布之前进行相应审批，信息发布审批属于风险管控和保密范畴，规定好发布信息的范围界定，防范知识产权风险。

【案例解析】

某研究所由文献情报部负责专利信息资源、期刊、论文的收集管理，专利信息资源收集的主要途径为国家知识产权局检索服务平台等数据库，文献情报部知识产权专员按照学科领域、科研方向对专利信息进行收集、分类筛选、分析加工，形成产业发展、技术领域、专利布局等相关情报分析报告，分析报告传递给科研部门用作立项研发阶段的技术借鉴、知识产权风险规避、研究方向策略的制定依据，用作专利申请阶段新颖性、创造性评判依据等。

针对信息披露知识产权审查机制，该研究所制定有《信息披露管理办法》，按照该办法，不同类别的信息披露是由不同职能部门审查，综合办公室负责研究所网站、新闻发布、媒体采访对外信息发布的知识产权审查，通过《对外信息发布审查表》和《新闻媒体发布活动审查表》形成审查记录；研究中心负责论文发表、学位答辩、学术交流等学术事务信息披露前的知识产权审核，通过《科技成果披露审批表》形成审核记录。知识产权办公室负责专利申报、软件著作权登记等知识产权信息披露审查，通过《知识产权申请审批表》形成审核记录。

第四节 科研项目管理

一、分类

【标准条款7.1】

> 根据科研项目来源和重要程度等对科研项目进行分类管理；科研项目应实行立项、执行、结题验收全过程知识产权管理，重大科研项目应配备知识产权专员。

【理解要点】

科研项目知识产权全过程管理就是将知识产权管理融入科研项目的立项、实施、验收及成果转移转化的全过程，并在科研和创新过程中充分发挥知识产权的引导、激励和保障作用，以知识产权促进科技创新和成果转化，提高科技创新活动的效率和效益。按照来源可分为纵向项目与横向项目，纵向项目主要偏向于理论创新与科研突破。纵向项目大部分是国家或者省属课题，比如"973"、"863"、自然基金等；横向项目是横向科技项目的简称，属科技项目的一种，横向科技项目指企事业单位、兄弟单位委托的各类科技开发、科技服务、科学研究等方面的项目，以及政府部门非常规申报渠道下达的项目。按照项目的重要程度，可分为重大项目与一般项目。重大项目由科研组织自行认定。

【案例解析】

某研究所目前所承担的项目按照项目来源分为研究所主持承担的、面向应用的纵向科研项目以及由研究单元自行认定为知识产权影响较大的重要横向项目，分别制定有《纵向科研项目管理办法》《横向科研项目管理办法》，按照管理办法实行科研项目立项、执行、结题验收全过程知识产权管理。项目要求中有专门的知识产权管理要求的或经研究所认为知识产权影响较大的项目属于知识产权管理重大项目；其他项目属于知识产权管理一般项目，重大科研项目均配备知识产权专员。

二、立项

【标准条款7.2】

> 立项阶段的知识产权管理包括：
> a）确认科研项目委托方的知识产权要求，制定知识产权工作方案，并确保相关人员知悉；
> b）分析该科研项目所属领域的发展现状和趋势、知识产权保护状况和竞争态势，进行知识产权风险评估；
> c）根据分析结果，优化科研项目研发方向，确定知识产权策略。

【理解要点】

科研立项是资金、人员、研究方法、技术路线、预期完成标准等进行设置、论证的第一道程序。立项阶段，项目组应明确项目委托方的知识产权要求，制定知识产权工作方案，对该项目所属领域的发展现状和趋势、知识产权保护状况和竞争态势进行风险评估，确定知识产权策略，确保项目组成员知悉相关内容。

【案例解析】

某研究所制定有《科研项目管理办法》，其中明确科研项目的范围、科研项目申报、科研项目开题等具体流程。该项目组知识产权管理体系运行以来承担有一项国家自然科学基金委员会项目，项目组成员明确项目计划任务书中委托方的知识产权要求，由项目组知识产权专员对该项目所属领域的技术发展现状和趋势、知识产权保护状况和竞争态势等进行检索分析评估，并将书面评估结果上报给项目组长，由项目组长组织项目组成员开会讨论确定该项目知识产权策略。

三、执行

【标准条款7.3】

> 执行阶段的知识产权管理包括：
> a）搜集和分析与科研项目相关的产业市场情报及知识产权信息等资

料，跟踪与监控研发活动中的知识产权动态，适时调整研发策略和知识产权策略，持续优化科研项目研发方向；

b) 定期做好研发记录，及时总结和报告研发成果；

c) 及时对研发成果进行评估和确认，明确保护方式和权益归属，适时形成知识产权；

d) 对研发成果适时进行专利挖掘，形成有效的专利布局；

e) 研发成果对外发布前，进行知识产权审查，确保发布的内容、形式和时间符合要求；

f) 根据知识产权市场化前景初步确立知识产权运营模式。

【术语解释】

专利挖掘是指在技术研发或产品开发中，对所取得的技术成果从技术和法律层面进行剖析、整理、拆分和筛选，从而确定用以申请专利的技术创新点和技术方案。

【理解要点】

项目立项后进入下一阶段，即项目的执行阶段，该阶段收集和分析与科研项目相关的产业市场情报及知识产权信息等资料，重点分析技术的稳定性和发掘区别于其他专利的创新点。跟踪与监控研发活动中的知识产权动态情况，如他人已产出相同或相似研发成果，需要适时调整研发策略和知识产权策略，持续优化科研项目研发方向，避免或降低知识产权侵权风险。

项目组成员要定期对项目的实验数据、进展情况、阶段性成果等及时总结归档并向科研项目主管部门进行汇报。

项目组可以通过评估会议方式及时对研发成果进行评估和确认，适时形成知识产权，明确知识产权的保护方式与权益归属，对研发成果适时进行专利挖掘，形成有效的专利布局。

研发成果对外发布前，进行知识产权审查，防止技术秘密泄露以及侵犯他人已经取得的知识产权，初步确立知识产权运营模式。

【案例解析】

某研究所承担有一项国家自然科学基金委员会项目，项目周期两年。在项目执行过程中，项目组成员收集了与该项目相关的产业市场信息，通过专利检索数据库对国内外与该项目相关的专利信息进行收集分析，并将分析结果用作本项目研究的技术借鉴。项目组知识产权专员每季度对项目相关知识产权信息进行跟踪检索，防止与他人已产出的技术成果冲突，适时调整优化科研项目研发方向，避免或降低侵犯他人知识产权风险。项目研发过程中，项目组成员不断对研发成果进行挖掘，每周均要对项目执行情况以会议形式向项目组长进行阶段性汇报，并对项目中能够形成知识产权的创新技术点进行评估讨论，适时形成知识产权。研发成果对外公布前，项目组长会同科研项目主管部门对知识产权信息进行审查，形成《对外信息公布审查表》，防止相关技术秘密泄露以及侵犯他人已经取得的知识产权。

四、结题验收

【标准条款7.4】

> 结题验收阶段的知识产权管理包括：
> a) 分析总结知识产权完成情况，确认科研项目符合委托方要求；
> b) 提交科研项目成果的知识产权清单，成果包括但不限于专利、文字作品、图形作品和模型作品、植物新品种、计算机软件、商业秘密、集成电路布图设计等；
> c) 整理科研项目知识产权成果并归档；
> d) 开展科研项目产出知识产权的分析，提出知识产权维护、开发、运营的方案建议。

【理解要点】

在项目结题验收阶段，分析总结知识产权完成的情况，向项目委托方提交科研项目成果清单，确认是否符合项目委托方的相关要求，整理科研项目知识产权产出成果并向科研项目主管部门归档，针对科研项目产出的知识产权展开分析，提出知识产权维护、开发、运营的方案建议，知识产权成果包括但不限于专利、文字作品、图形作品和模型作品、植物新品种、计算机软件、商业秘密、集成电路布图设计等。

【案例解析】

某研究所项目组承担弘光专项重大项目，结题验收过程中，按照项目任务书的知识产权要求申请国内发明专利 5 项，提出 1 件 PCT 国际申请，发表核心期刊论文 5 篇，项目组长对该项目知识产权完成情况进行总结，形成书面《项目研究报告》，其中包括项目研究成果、结论及其社会效益展望等，该项目已经申报 7 项国内发明专利，取得授权 2 项，已经提交 1 件 PCT 国际申请，现已国际公布，发表国内核心期刊论文 5 篇，SCI 收录论文 2 篇，项目验收后，对项目所形成的科研成果包括知识产权成果归档于科研业务处。

第五节　知识产权运用

一、评估与分级管理

【标准条款 8.1】

> 评估与分级管理中应满足以下要求：
> a) 构建知识产权价值评估体系和分级管理机制，建立知识产权权属放弃程序；
> b) 建立国家科研项目知识产权处置流程，使其符合国家相关法律法规的要求；
> c) 组成评估专家组，定期从法律、技术、市场维度对知识产权进行价值评估和分级；
> d) 对于有产业化前景的知识产权，建立转化策略，适时启动转化程序，需要二次开发的，应保护二次开发的技术成果，适时形成知识产权；
> e) 评估知识产权转移转化过程中的风险，综合考虑投资主体、共同

权利人的利益；

f) 建立知识产权转化后发明人、知识产权管理和转化人员的激励方案；

g) 科研组织在对科研项目知识产权进行后续管理时，可邀请项目组选派代表参与。

【术语解释】

知识产权评估是指知识产权评估机构的注册资产评估师依据相关法律、法规和资产评估准则，对知识产权评估对象在评估基准日特定目的下的知识产权价值进行分析、估算并发表专业意见的行为和过程。知识产权评估中所涉及的知识产权内容比较多，一般主要对商标权、专利权、著作权等常见的知识产权进行知识产权评估。

【理解要点】

知识产权价值评估是对其分级的先决条件，科研组织需制定评估分级管理机制、建立知识产权放弃程序、建立知识产权处置流程、建立知识产权激励方案，组成评估专家组，定期从法律、技术、市场维度对知识产权进行价值评估和分级，对于有产业化前景的知识产权，建立转化策略，适时启动转化程序，需要二次开发的，应保护二次开发的技术成果，适时形成新的知识产权。

【案例解析】

某研究所制定有《知识产权资产评估及分级管理办法》，从技术价值、法律价值和经济价值三个维度对已拥有权利的专利进行评估。

（1）技术价值度——通过专利申请前，技术发明人的技术分级，作为技术价值度的基础，后期转移转化前，结合专业机构的知识产权分析报告，再次进行判断。

（2）法律价值度——根据专利的法律状态、有效期、是否为多国申请情况进行综合判断。

（3）经济价值度——科技处牵头进行评定，从市场应用情况、市场规模前景、市场占有率、竞争情况、政策适应性等多层次开展，可借助相应的外部机构或外部应用软件进行。

知识产权的创造、管理、运用逐渐成为市场竞争的关键手段。分级管理是指采用科学的方法甄别、筛选分类管理,以突出高价值专利并提高管理效能的一系列活动的总称。知识产权分级是根据技术的重要性和自身发展战略,从技术、市场等层面对知识产权分级管理。研究所对专利分级主要如下。

(1) 普通专利,需从专利撰写、专利授权到后续法律状态跟踪及费用代缴等全流程跟踪。

(2) 高价值专利,在普通专利的基础上增加根据科研成果的内容进行专利申请前的检索和对比分析,充分考虑保护客体、申请策略、技术转化需要和保护方案;安排合适的专业人员跟踪研发项目或者审核研发项目文件,增加专利挖掘与布局环节;对大型技术成果做整体保护设计和包装,以促进后期许可及转让。

该研究所制定有《科研绩效奖励办法》,明确专利奖励办法。

1. 国内授权发明专利,奖励 10000 元;国内授权实用新型专利,奖励 500 元。

2. 国外授权发明专利,奖励 50000 元(同一专利获得不同国家的授权,只奖励一次)。

3. 与其他单位为共同权利人获得的专利,且权利人仅有两家,我所排名第一,按上述标准 50% 予以奖励,我所排名第二,按上述标准 40% 予以奖励。

4. 与其他单位为共同权利人获得的专利,权利人有三家及以上且我所排名第一,按上述标准 20% 予以奖励。

奖励金额发放给项目组,由项目组长按照项目组成员贡献大小予以分配。

二、实施和运营

【标准条款8.2】

> 实施和运营过程中应满足以下要求：
> a) 制定知识产权实施和运营策略与规划；
> b) 建立知识产权实施和运营控制流程；
> c) 明确权利人、发明人和运营主体间的收益关系。

【术语解释】

知识产权实施是指知识产权作为资产，实现商业价值的活动。

知识产权运营指知识产权权利人和相关市场主体优化资源配置，采取一定的商业模式实现知识产权价值的商业活动。

【理解要点】

知识产权实施和运营之前，要制定知识产权实施和运营策略与规划，在实施过程中要建立相应的实施和运营控制流程，对实施和运营活动加以控制，要明确权利人、发明人和运营主体间的收益关系。

【案例解析】

某研究所制定有《科技成果专利实施管理办法》，其中明确知识产权实施的范围及有关注意事项，研究所组织实施的科技成果转化，需由研发团队制定知识产权实施和运营策略与规划。由科技处协同相关管理职能部门、研发团队开展知识产权尽职调查后与合作方进行谈判，议定相关合作事宜及拟交易价格等。研究所在一年内未实施转化的成果和专利技术，可由研发团队自主实施成果转化。由研发团队自主实施转化的成果，在议价阶段，由研发团队协同科技处及相关管理职能部门与合作方进行谈判，议定相关合作事宜及拟交易价格等。

经谈判形成的合作方案和拟交易价格等内容，应以书面报告的形式提请所务会决议。经所务会同意，方可办理后续事宜。拟交易成果应按要求，在研究所公示成果名称和拟交易价格信息。公示无异议，方可与合作方签署相关协议和办理后续事宜；如有异议，需对异议进行处理并重新公示无异议后，方可办理后续事宜。

在确定科技成果转化产生的收益，可以根据成果特点进行核算，也可以采用合同收入扣除维护该项科技成果、完成转化交易所产生的费用而不计算前期研发投入的方式进行核算。

由研究所自行投资或与其他机构、企业共同投资实施成果转化产生的收益，其中归属研究所的收益按团队占比20%、研究所占比80%进行分配。

由团队实施科技成果转化，包括向他人转让、许可他人使用、与他人共同实施转化、以科技成果作价投资，以及技术咨询、评估报告等产生的收益，分配给研发团队的比例可达70%~90%，其余归研究所所有。对于职务发明、品种等需要全方位依赖单位人力和物质条件开展研发取得的科技成果进行转化产生的收益，可按团队占比70%、研究所占比30%的比例进行分配。

三、许可和转让

【标准条款8.3】

> 许可和转让过程中应满足以下要求：
> a) 许可和转让前进行知识产权尽职调查，确保相关知识产权的有效性；
> b) 知识产权许可和转让应签订书面合同，明确双方的权利和义务，其中许可合同应当明确规定许可方式、范围、期限等；
> c) 监控许可和转让流程，预防与控制许可和转让风险，包括合同的签署、备案、执行、变更、中止与终止，以及知识产权权属的变更等。

【术语解释】

知识产权尽职调查是指，对组织在投资、并购、许可、技术转移等重大经营活动中的知识产权状况进行事前审查，通过系统化的梳理，发现知识产权潜在风险点，评估这些风险点对于组织经营活动的影响，帮助组织有效地化解知识产权风险，实现利益最大化。

知识产权许可是指知识产权持有人将知识产权的财产权在约定的期限

和约定的范围内许可他人实施，知识产权的财产权仍由许可人持有。

知识产权转让是指知识产权持有人将知识产权的财产权出让给受让人，出让人不再持有知识产权的财产权。

【理解要点】

科研组织在知识产权许可和转让前应进行知识产权尽职调查，对知识产权状况进行审查，梳理发现知识产权潜在风险点，评估这些风险点对于组织经营活动的影响，帮助组织有效地化解知识产权风险，确保许可和转让知识产权的有效性。签订书面许可和转让合同，合同中明确双方的权利和义务，明确许可方式、范围、期限等内容。

【案例解析】

某研究所项目组，承担省科技厅针对某工业领域的科学研究，项目周期3年。在研究过程中，该项目产出4项发明专利，发表核心期刊论文3篇，目前该4项发明专利均已授权，国内某企业在产品研发生产过程中，遇到技术上问题，恰巧该研究所的两项专利技术能够解决该问题，企业欲购买这两项专利，经双方洽谈，并聘请国内专业资产评估机构，对两项专利从法律维度、技术维度、市场维度等进行调查评估，给出评估结论，两项专利权利稳定、具有很大市场前景，最终研究所以每件300万元价格转让给企业，委托专利代理机构向国家知识产权局专利局办理著录项目变更手续，该研究所通过知识产权转让创造了经济效益。

四、作价投资

【标准条款8.4】

作价投资过程中应满足以下要求：

a) 调查技术需求方以及合作方的经济实力、管理水平、所处行业、生产能力、技术能力、营销能力等；

b) 根据需要选择有资质的第三方进行知识产权价值评估；

c) 签订书面合同，明确受益方式和比例。

【理解要点】

知识产权作价投资是知识产权所有人将能够依法转让的知识产权专有权或者使用权作价，投入标的公司以获得股东资格的一种出资方式。作价投资过程中，要在明确投资合作意向后，对技术需求方以及合作方开展尽职调查，调查内容包括其经济实力、管理水平、所处行业、生产能力、技术能力、营销能力等；可根据需要，选择有资质的第三方进行知识产权价值评估；签订书面合同，明确受益方式和比例。

【案例解析】

A 研究所拥有相关产业领域的核心专利技术，欲与相关领域的 B 公司合作联合开发，将所拥有的 3 件发明专利进行作价入股。在作价投资前，A 研究所委托国内专业评估机构对 3 件专利进行价值评估，3 件专利评估价值达 3000 万元，同时 A 研究所科研主管部门对 B 公司从管理水平、行业水平、生产能力、技术能力、销售能力等方面进行了调查，制定了投资谈判策略，经过多次磋商，最终双方签订投资入股合同，A 研究所占 B 公司 10% 股权，成功将科研成果商业化。

第六节 知识产权保护

【标准条款 9】

应做好知识产权保护工作，防止被侵权和知识产权流失：

a) 规范科研组织的名称、标志、徽章、域名及服务标记的使用，需要商标保护的及时申请注册；

b) 规范著作权的使用和管理，建立在核心期刊上发表学术论文的统计工作机制，明确员工和学生在发表论文时标注主要参考文献、利用国家重大科研基础设施和大型科研仪器情况的要求；

c) 加强未披露的信息专有权的保密管理，规定涉密信息的保密等级、期限和传递、保存及销毁的要求，明确涉密人员、设备、区域；

d) 明确职务发明创造、委托开发、合作开发以及参与知识产权联盟、协同创新组织等情况下的知识产权归属、许可及利益分配、后续改进的权属等事项；

e）建立知识产权纠纷应对机制，制定有效的风险规避方案：及时发现和监控知识产权风险，避免侵犯他人知识产权；及时跟踪和调查相关知识产权被侵权的情况，适时通过行政和司法途径主动维权，有效保护自身知识产权。

【理解要点】

规范科研组织的名称、标志、徽章、域名及服务标记的使用，使其规范化、制度化并保证对外宣传的一致性，严格遵守《中科院形象标识应用规范》（2003年9月29日发布）。需要商标保护的名称、标志、徽章等及时注册商标。

规范著作权的使用和管理，在研究成果中引用他人的成果，应注明出处，转引他人成果，注明转引出处，不得以任何理由抄袭他人的数据、文章段落，利用国家重大科研基础设施和大型科研仪器所获得的试验数据，应按照管理单位的要求标注数据出处。

对科研组织未披露信息专有权进行保密管理，规定涉密信息的保密等级、期限和传递、保存及销毁的要求，保密等级可分为秘密、机密、绝密，涉及信息管理的关键在于其载体的管理，应根据载体不同制定不同的管理要求。明确涉密人员、设备、区域。

可在人事聘用合同、委托合作开发合同、参与知识产权联盟协议、参与协同创新组织等协议中约定知识产权归属、许可及利益分配、后续改进的权属等事项。

建立知识产权纠纷应对机制，制定风险规避方案，可通过网络检索等途径发现和监控知识产权风险，避免侵犯他人知识产权；及时跟踪和调查相关知识产权被侵权的情况，通过行政和司法途径主动维权，有效保护自身知识产权。

【案例解析】

某研究所制定有《知识产权纠纷处理办法》，其中规定：

专利权被侵权的应对由科研处组织聘请对本行业比较熟悉、经验丰富的专利律师以及专利发明人等组成应急小组,确认被侵权专利的法律状态是否有效,科研处组织应急小组收集侵权事实的证据和侵权者情况,制定纠纷应对方案,应对方案需报知识产权管理者代表审阅,所长批准。

被指控专利侵权的应对由科研处核实警告信或起诉状的内容,确认所谓的侵权行为是否发生、是否为本研究所所为。如果是本所所为,则做好以下工作:科研处组织聘请对本行业比较熟悉、经验丰富的专利律师以及当事部门人员组成应急小组;科研处组织当事部门调查分析该专利侵权是否成立;科研处针对涉案的专利开展检索分析,评估是否有可能宣告该专利无效,如果该专利权无法宣告无效,及时停止侵权行为,并由应急小组积极争取与专利权人达成和解协议,减少损失。

第七节 资源保障

一、条件保障

【标准条款 10.1】

> 根据需要配备相关资源,支持知识产权管理体系的运行,包括:
> a) 软硬件设备,如知识产权管理软件、计算机和网络设施等;
> b) 办公场所。

【理解要点】

为科研组织知识产权管理体系的有效运行配备相关的资源,例如,软件设备可以是知识产权管理软件、专利检索数据库,硬件设备可以是计算机和网络设施等。

为科研组织知识产权管理人员提供必要的办公场所,并对场所进行有效管理,以利于知识产权管理活动的实施。

【案例解析】

某研究所使用中科院 ARP 系统进行日常办公管理,网络中心购买有智慧芽专利检索数据库为科研部门提供专利数据检索支撑服务。为所有知识产权专员提供办公场所、办公电脑、配置网络设施，保障了知识产权管理体系有效运行。

二、财务保障

【标准条款 10.2】

> 设立经常性预算费用，用于：
> a) 知识产权申请、注册、登记、维持；
> b) 知识产权检索、分析、评估、运营、诉讼；
> c) 知识产权管理机构、服务支撑机构运行；
> d) 知识产权管理信息化；
> e) 知识产权信息资源；
> f) 知识产权激励；
> g) 知识产权培训；
> h) 其他知识产权工作。

【理解要点】

科研组织应为知识产权管理工作的有效开展提供经费保障，设立知识产权经常性预算费用，主要包括用于知识产权申请、注册、登记、维持；知识产权检索、分析、评估、运营、诉讼；知识产权管理机构、服务支撑机构运行；知识产权管理信息化；知识产权信息资源；知识产权激励；知识产权培训；其他知识产权工作。

【案例解析】

某研究所制定有《××××年度知识产权经常性预算表》，其中预算包括以下方面。知识产权申请：75 万元，知识产权注册、登记、维持：50 万元，知识产权检索分析费：6 万元，知识产权评估：4.5 万元，知识产权运营：2 万元，知识产权诉讼：20 万元，知识产权管理机构、服务支撑机构运行：3 万元，知识产权信息资源（数据库等）：5 万元，知识产权激励：70 万元，知识产权培训：15 万元，其他知识产权工作：3 万元。该预算由知识产权管理部门知识产权专员拟订，报经管理者代表审批，经财务处审核，最后由最高管理者所长批准。

第八节　检查和改进

一、检查监督

【标准条款11.1】

> 定期开展检查监督，根据监督检查的结果，对照知识产权方针、目标，制定和落实改进措施，确保知识产权管理体系的适宜性和有效性。

【理解要点】

科研组织定期对知识产权管理体系运行情况进行内部自我检查，根据监督检查结果，对照知识产权方针、目标，制定和落实整改措施，从而确保知识产权管理体系的适宜性和有效性。

【案例解析】

某研究所每年对知识产权管理体系的运行情况进行内部检查一次，由管理者代表组织，成立内审小组，制订审核计划，审核计划包括审核目的、审核范围、审核准则，具体审核任务安排等信息，编制有内审检查表，对所发现的问题以不符合报告形式提出，由相应部门进行原因分析并制定整改措施，提交内审员进行验证关闭，确保知识产权管理体系的适宜性和有效性。

二、评审改进

【标准条款11.2】

> 最高管理者应定期评审知识产权管理体系的适宜性和有效性，制定和落实改进措施，确保与科研组织的战略方向一致。

【理解要点】

最高管理者定期以评审会议形式对知识产权管理体系的适应性、充分性和有效性进行评审，对评审过程中发现的问题制定和落实改进措施，确保与组织的战略发展方向一致。

【案例解析】

某研究所每年度由所长定期召开一次知识产权管理评审会议，从知识产权方针、知识产权目标、管理程序等维度对知识产权管理体系的适应性、充分性和有效性进行评审，形成评审报告，对知识产权管理体系运行过程中存在的问题提出改进建议，相应责任部门制定整改措施，落实整改。

第四章 《科研组织知识产权管理规范》审核要点

第一节 总体要求

一、总则

【标准条款4.1】

> 应按本标准的要求建立、实施、运行知识产权管理体系，持续改进保持其有效性，并形成知识产权管理体系文件，包括：
> a) 知识产权方针和目标；
> b) 知识产权手册；
> c) 本标准要求形成文件的程序和记录。
> 注1：本标准出现的"形成文件的程序"，是指建立该程序，形成文件，并实施和保持。一个文件可以包括一个或多个程序的要求；一个形成文件的程序的要求可以被包含在多个文件中。
> 注2：上述各类文件可以是纸质文档，也可以是电子文档或音像资料。

【审核要点】

查看体系文件，是否包括知识产权方针和目标、知识产权手册、相应的程序文件及记录文件。查看上述文件是否完整、清楚、相关要求是否明确。

知识产权手册作为体系建立、实施、运行的纲领性文件，应重点关注手册中相应条款是否内容完整、表述规范，另外要结合相应程序文件的内容，系统地评价体系文件的符合性、充分性和适宜性。查看记录文件是否满足标准和程序文件的要求。原则上，凡是涉及知识产权管理的事项都应当有相应的规定。

询问最高管理者、管理者代表建立知识产权管理体系的总体要求，询问体系策划、形成文件、实施、评审和改进的情况。

询问知识产权管理机构该组织的体系文件都包括哪些内容，关注各个部门是否执行体系文件，重点关注各个部门的记录文件是否与知识产权手册及相应的程序文件一一对应，能否满足体系运行的需要。

二、知识产权方针和目标

【标准条款4.2】

> 应制定知识产权方针和目标，形成文件，由最高管理者发布并确保：
> a) 符合法律法规和政策的要求；
> b) 与科研组织的使命定位和发展战略相适应；
> c) 知识产权目标可考核并与知识产权方针保持一致；
> d) 在持续适宜性方面得到评审；
> e) 得到员工、学生的理解和有效执行。

【审核要点】

查看知识产权方针和目标是否形成文件，查看知识产权方针和目标发布前的审批记录，是否经过最高管理者审批发布。评价知识产权方针、目标是否与相关的法律法规及科研组织的使命定位和发展战略相适应。

审核员要能理解知识产权方针的内容，并检查知识产权目标是否与知识产权方针的内容相一致，是否形成文件，内容是否可考核，是否有对持续改进的承诺。

询问最高管理者对科研组织运营战略、科技战略和知识产权战略的理解，综合相关信息后评价知识产权方针是否与科研组织的发展相适宜，知识产权方针如何制定，经过哪些评审流程，是否向全体员工宣贯，在企业内部如何运行。

在其他部门审核时，关注员工、学生是否对知识产权方针、目标理解到位。

监督审核、再认证审核时，还要关注是否定期评估知识产权方针、目标的合法性、合规性和适宜性，如果进行过调整，需要查看后续发布是否重新进行审批，查看相应的审批记录是否由最高管理者审批。

审核管理层时，可以结合方针的内容，询问其对科研组织知识产权的长期目标、中期目标、年度目标的理解，目标中是否考虑了持续改进，科研组织有无对目标进行分解、目标如何考核等。

审核知识产权各部门时，重点询问目标考核办法、考核周期，查看考核记录（关注目标的执行情况），目标有无阶段性调整，有无针对考核问题改进的记录。查看主要部门的目标、最近一期考核情况，有无改进。

【案例解析】

某研究所 2018 年 12 月 3 日开始正式运行知识产权管理体系，2018 年 11 月 26 日研究所所长签批了知识产权方针和目标，知识产权方针为"增强意识、创新推动、强化布局、加强保护"。

知识产权目标如下：

（1）长期目标。建立完善的知识产权管理体系，培养知识产权专业人才，推进专利技术转移转化。

（2）2019 年度知识产权目标为：丰富和完善知识产权管理制度；创建知识产权专员管理队伍，建立知识产权联络员队伍，完成知识产权培训；促进成果转化，推进专利许可或转让。

该研究所制定的知识产权方针主要侧重知识产权的布局和保护，说明现阶段该所的知识产权工作重点应该是如何通过更好地布局知识产权来保护科技创新成果。但是该所的知识产权目标中，都是关于知识产权制度建设、人才培养和技术转移转化方面的，并没有体现知识产权布局和保护，知识产权目标并没有与知识产权方针保持一致，并且该所制定的 2019 年度知识产权目标不可考核，不符合 GB/T 33250—2016 标准 4.2 知识产权方针和目标"c）知识产权目标可考核并与知识产权方针保持一致"的规定。

三、知识产权手册

【标准条款 4.3】

> 编制知识产权手册并应保持其有效性，包括：
> a）知识产权组织管理的相关文件；
> b）人力资源、科研设施、合同、信息管理和资源保障的知识产权相关文件；
> c）知识产权获取、运用、保护的相关文件；
> d）知识产权外来文件和知识产权记录文件；
> e）知识产权管理体系文件之间相互关系的表述。

【审核要点】

查看知识产权手册的内容是否全面、规范，一般包括前言、颁布令、企业简介、管理者代表任命、知识产权方针、目标等。

查看知识产权手册是否包括知识产权组织管理的相关文件，人力资源、科研设施、合同、信息管理和资源保障的知识产权相关文件，知识产权获取、运用、保护的相关文件等；查看每个条款的职责是否准确、流程是否清晰、要求是否明确。

查看知识产权手册是否包括对知识产权外来文件和知识产权记录文件。

查看知识产权手册是否包括知识产权管理体系文件之间相互关系的表述，各个过程之间关系的描述是否逻辑清楚，过程的接口描述清晰。

查看知识产权手册，是否有删减条款的情况，认证范围要在行政许可的范围内。

审核知识产权管理机构或文件管控部门，查看现场提供的手册是否受控，封面处是否有编号等，知识产权手册内容与实际是否相符，评价知识产权手册的有效性。

四、文件管理

【标准条款4.4】

> 知识产权管理体系文件应满足以下要求：
> a）文件内容完整、表述明确，文件发布前需经过审核、批准，文件更新后再发布前，要重新进行审核、批准；
> b）建立、保持和维护知识产权记录文件，以证实知识产权管理体系符合本标准要求；
> c）按文件类别、秘密级别进行管理，易于识别、取用和阅读，保管方式和保管期限明确；
> d）对行政决定、司法判决、律师函件等外来文件进行有效管理；
> e）因特定目的需要保留的失效文件，应予以标记。

【审核要点】

查看知识产权手册等知识产权体系文件的规定是否符合标准的要求、内容完整充分、表述是否规范适宜。

关注知识产权方针、目标、知识产权手册、程序文件等体系文件的审核、批准是否明确、有效。电子签批的文件也可以认可。

关注程序文件和制度文件对各个过程的要求是否充分和明确。

查看是否有文件管理相关的程序文件，如果有，就需要关注程序文件是否覆盖标准所有条款，符合标准条款的所有要求。

审核知识产权管理机构或文件管控部门，询问部门负责人如何实施文件控制。

询问部门负责人，知识产权管理体系文件发布、修改后再发布如何进行审批，询问知识产权管理体系运行以来是否对知识产权管理体系文件进行修改，如果有修改，查看修改后的知识产权管理体系文件清单，抽查修改后的电子版或纸质版文件审批及更改记录，评价审批是否真实有效，审批人签字、时间等是否与负责人介绍的修改后文件再发布的审批流程一致。如果知识产权管理体系运行以来，知识产权管理体系文件没有修改，抽查

83

现有知识产权管理体系文件清单，抽查电子版或纸质版文件审批记录，评价审批是否真实有效，审批人签字、时间等是否与负责人介绍的文件发布审批流程一致。

询问若干项工作流程的实际情况，查看文件中各项规定的表述是否清晰、准确，与实际相符合。

查看记录清单，检查是否按照标准要求建立记录，结合各个部门查看记录如何保存、维护，是否符合标准和文件要求。

询问知识产权管理体系文件如何分类别管理，判断是否有效；查看知识产权管理体系文件是否有密级区分，抽查若干份文件，查看其密级是否符合保密相关制度的要求。

抽查若干份知识产权管理体系文件，查看是否有统一编号、名称或标识，是否符合程序文件要求，能否确保易于识别。

抽查若干份文件的登记记录，查阅文件是否完整，查看保管方式及保管期限是否符合程序文件要求。

根据知识产权管理体系文件修订情况，如果没有修订，查看知识产权管理体系运行时，知识产权管理体系文件的发放记录，检查发放文件名称、有关部门人员是否明确，评价发放渠道、发放范围是否能确保易于取用和阅读，必要时在各个部门验证。如果有修订，则需要关注旧版文件的回收记录以及新版文件的发放记录，查看文件的发放和回收清单、检查发放和回收的文件名称、有关部门人员是否明确，评价发放渠道、发放范围是否能确保易于取用和阅读，必要时在各个部门验证。

询问部门负责人外来文件如何管理，查阅最近一段时间的电子版或纸质版的知识产权（专利、商标、著作权等）外来文件（行政决定、司法判决、律师函、有关的行政通知等），抽查若干份外来文件的登记记录，查阅文件是否完整，确定来源及取得时间是否清楚，是否明确外来文件的保管方式和保管期限。

如有因特定目的需要保留的失效文件，抽查上述文件（电子版或纸质版），查看上述文件上有无明显标识，查看上述文件的管理是否满足相关程序文件的要求。

【案例解析1】

审核组审核某研究所，在与某研究中心负责人沟通时，审核员发现研究中心负责人手中的程序文件缺少审批记录，询问知识产权管理部门的随行人员，随行人员解释说，第一次内审后修改了一些规定，这些程序文件修订要经过所长办公会讨论通过才能正式发布，由于部分所领导最近在出差，所以没有召开办公会，因此就打算让大家先执行，反正外审后还会发现新问题，到时修改后一起上办公会审批。

知识产权管理体系文件是各个部门运行知识产权管理体系的依据和参考，因此务必要保持知识产权管理体系文件的准确和严谨。该研究所的研究中心使用的程序文件尚未审批，其内容尚有不确定性，如果后来程序文件所修改的内容在所长办公会没有通过，则研究中心以前根据程序文件所开展的工作都是不符合要求的。

该所的工作不符合 GB/T 33250—2016 标准 4.4 文件管理"a) 文件内容完整、表述明确，文件发布前需经过审核、批准；文件更新后再发布前，要重新进行审核、批准"的规定。

【案例解析2】

某研究所于 2018 年 1 月 12 日正式实施运行知识产权管理体系，2019 年 9 月该研究所进行第三方认证审核，9 月 18 日针对文件评审报告的意见完成体系文件重新修订，对知识产权手册、采购、研发等部门的制度进行完善，修订后的审批日期为 2019 年 9 月 18 日，在审核该研究所的人事部门时发现，部门负责人对新规定一无所知，还在执行以前的制度文件，知识产权部门的员工解释说，新版文件还没来得及上传到 OA 系统替换，所以他们现在还拿不到新版的制度。

该研究所针对文审报告的意见对知识产权体系文件进行了修订，但是修订后的新文件并没有上传到 OA 系统，导致人事部门负责人无法及时获取最新的体系文件。知识产权管理体系文件修改后，经过审批应及时在相关部门进行发放，使得最新版的体系文件处于易于识别、取用和阅读的状态，避免相关部门仍执行旧版文件，导致工作出现失误。

该所的工作不符合 GB/T 33250—2016 标准 4.4 文件管理"c) 按文件类别、秘密级别进行管理，易于识别、取用和阅读，保管方式和保管期限明确"的规定。

【案例解析 3】

审核员在某研究所的知识产权处，询问一个知识产权纠纷的处理过程，查阅一份律师函没有找到，负责此项工作的负责人说："那份律师函交给小王了，谁知他调到外地工作，我忘记问他要这份律师函了，打电话问他，他也记不起来放在哪里了，八成弄丢了，还好我们都看过，也没耽误事。"

外来文件是知识产权管理体系文件的重要组成部分，知识产权管理体系运行过程中要对外来文件进行规范管理，要做到有据可查，因此在管理中除了要做好原文件的保存归档之外，还要能清楚地记录外来文件的来源、取得时间、保管方式、保管期限等信息。

该所的工作不符合 GB/T 33250—2016 标准 4.4 文件管理"d) 对行政决定、司法判决、律师函件等外来文件进行有效管理"的规定。

【案例解析 4】

2019 年 10 月，审核员在某研究所采购部门审核时，发现该研究所 2019 年 7 月、9 月分别从北京某新药开发研究所采购了两批新研发出来的同一种化学中间体原料，但审核员发现 9 月的采购合同中未约定任何必要的知识产权条款，而 7 月的合同中有充分的约定，采购员解释说："我们建立知识产权管理体系以后发布了新版的采购合同，但旧版合同在老的采购员电脑里都有存档，有的情况下还会用到，当时一着急就用混了。"

该研究所建立知识产权管理体系后修改了采购合同，旧版的采购合同由于可能还会用到，所以就保存在采购员电脑中，但是对于失效的旧版合同并没有进行标记，导致 2019 年 9 月所签订的采购合同使用的是旧版的合同格式。对于因特定目的需要保留的失效文件，应给予明确的标记，使相关人员看到时，能知晓该文件是失效文件，避免弄混。

该所的工作不符合 GB/T 33250—2016 标准 4.4 文件管理 "e) 因特定目的需要保留的失效文件，应予以标记"的规定。

第二节　组织管理

一、最高管理者

【标准条款 5.1】

> 最高管理者是科研组织知识产权管理第一责任人，负责：
> a) 制定、批准发布知识产权方针；
> b) 策划并批准知识产权中长期和近期目标；
> c) 决定重大知识产权事项；
> d) 定期评审并改进知识产权管理体系；
> e) 确保资源配备。

【审核要点】

查看知识产权手册是否覆盖标准条款的要求，对最高管理者在知识产权管理体系中所肩负的职责是否明确。重点查看知识产权方针、中长期和近期目标的批准时间与批准签名，是否是最高管理者批准。

与最高管理者面谈，了解科研组织对知识产权工作的重视程度，主要包括知识产权方针、目标、组织机构设置、资源配备、定期评审和改进知识产权管理体系。通过与最高管理者面谈，了解该科研组织的整体情况、组织定位、相关方期望等，了解知识产权方针、知识产权中长期和近期目标是否能与其相适应。了解该科研组织的重大知识产权事项包括哪些，如何对重大知识产权事项进行决策。了解评审改进知识产权管理体系的频率、策划形式等，了解最高管理者的参与情况。了解最高管理者如何确保知识产权管理体系资源配备。

二、管理者代表

【标准条款 5.2】

> 最高管理者可在最高管理层中指定专人作为管理者代表，总体负责知识产权管理事务：
> a）统筹规划知识产权工作，审议知识产权规划，指导监督执行；
> b）审核知识产权资产处置方案；
> c）批准发布对外公开或提交重要的知识产权文件；
> d）协调涉及知识产权管理部门之间的关系；
> e）确保知识产权管理体系的建立、实施、保持和改进。

【审核要点】

查看知识产权手册内容是否符合标准要求，查看管理者代表任命书，了解管理者代表的级别是否属于最高管理层。

与管理者代表面谈，询问履行哪些责任；对于知识产权管理体系的建立、实施、运行开展了哪些工作；查看知识产权规划情况，询问如何指导监督执行等。了解知识产权资产处置的程序，如何审核知识产权资产处置方案。了解对于重要知识产权文件的发布审批流程。了解各个部门在知识产权管理体系中的角色及如何进行协调。

【案例解析】

某研究所自 2019 年 1 月 13 日正式运行知识产权管理体系，2018 年 12 月 26 日，该研究所任命副所长王某作为知识产权管理体系管理者代表，并签批了管理者代表任命书。

2019 年 11 月，审核组在审核该研究所时，了解到管理者代表王某自 2018 年 11 月就已赴法国进行访问交流，为期一年，截至审核日都没有返回，其间也没有归国。经与科研处张处长了解，因为管理者代表要从最高管理层中选择，而王副所长主管科研和知识产权工作，所以就选择王副所长担任管理者代表，但是由于其身在国外，所以并没有参与知识产权管理体系的建立、实施、保持和改进工作，从知识产权管理体系建立之初，具体工作都是由张处长主导和推进。

该研究所任命王副所长担任知识产权管理体系的管理者代表，仅考虑了要从最高管理层中指定专人作为管理者代表，而没有充分考虑到管理者代表要总体负责知识产权管理事务，并不仅仅是挂个空名。王副所长身在国外，并没有亲自参与知识产权管理体系建立、实施、保持和改进工作，没有充分履行作为管理者代表所应该承担的职责，不利于知识产权管理体系的有效运行。

该所的工作不符合 GB/T 33250—2016 标准 5.2 管理者代表"最高管理者可在最高管理层中指定专人作为管理者代表，总体负责知识产权管理事务"的规定。

三、知识产权管理机构

【标准条款 5.3】

> 建立知识产权管理机构，并配备专职工作人员，承担以下职责：
> a) 拟定知识产权规划并组织实施；
> b) 拟定知识产权政策文件并组织实施，包括知识产权质量控制，知识产权运用的策划与管理等；
> c) 建立、实施和运行知识产权管理体系，向最高管理者或管理者代表提出知识产权管理体系的改进需求建议；
> d) 组织开展与知识产权相关的产学研合作和技术转移活动；
> e) 建立专利导航工作机制，参与重大科研项目的知识产权布局；
> f) 建立知识产权资产清单，建立知识产权资产评价及统计分析体系，是否提出知识产权重大资产处置方案；
> g) 审查合同中的知识产权条款，防范知识产权风险；
> h) 培养、指导和评价知识产权专员；
> i) 负责知识产权日常管理工作，包括知识产权培训，知识产权信息备案，知识产权外部服务机构的遴选、协调、评价工作等。
> 注：重大科研项目由科研组织自行认定。

【审核要点】

知识产权手册应记载知识产权管理机构的职责描述，检查知识产权管理部门的职责是否全面。如有《知识产权管理体系组织机构图》，查看图中各个机构是否和职责描述对应。如有《职责分配表》，查看各项条款对应的主责部门是否清楚。

审核知识产权管理机构时，与知识产权管理机构负责人沟通，询问是否制定知识产权发展规划，如何组织实施；出台哪些知识产权政策文件，如何组织实施等。

询问负责人如何建立、实施和运行知识产权管理体系，在知识产权管理体系运行过程中涉及的改进需求和建议，如何与最高管理者或管理者代表沟通。

询问负责人如何组织开展与知识产权相关的产学研合作和技术转移活动。

询问负责人是否建立专利导航工作机制，在重大科研项目中是否进行知识产权布局，如何开展。

询问负责人在知识产权管理过程中，是否建立知识产权资产清单，是否建立知识产权资产评价及统计分析体系，提出知识产权重大资产处置方案。

询问负责人合同审查的流程，针对合同中的知识产权条款如何审查，以防范知识产权风险。

询问负责人培养、指导和评价知识产权专员措施和方法。

询问负责人知识产权日常管理工作，包括知识产权培训，知识产权信息备案，知识产权外部服务机构的遴选、协调、评价工作等如何开展。

四、知识产权服务支撑机构

【标准条款5.4】

> 建立知识产权服务支撑机构，可设在科研组织中负责信息文献的部门，或聘请外部服务机构，承担以下职责：

第四章 《科研组织知识产权管理规范》审核要点

>　　a）受知识产权管理机构委托，为建立、实施与运行知识产权管理体系提供服务支撑；
>　　b）为知识产权管理机构提供服务支撑；
>　　c）为科研项目提供专利导航服务；
>　　d）负责知识产权信息及其他数据文献资源收集、整理、分析工作。

【审核要点】

查看知识产权手册记载的服务支撑机构的职责是否全面、清晰。如有《知识产权管理体系组织机构图》，查看图中各个机构是否和职责描述对应。如有《职责分配表》，查看各项条款对应的主责部门是否清楚。

审核服务支撑机构（负责信息文献的部门或聘请外部服务机构）时，询问负责人日常工作职责和业务流程，检查其是否熟悉本部门的主要职责。

询问负责人科研项目专利导航服务如何开展，询问如何开展知识产权信息及其他数据文献资源收集、整理、分析工作。

五、研究中心

【标准条款5.5】

>　　研究中心应配备知识产权管理人员，协助研究中心负责人，承担本机构知识产权管理工作，具体包括以下职责：
>　　a）拟定知识产权计划并组织实施；
>　　b）统筹承担科研项目的知识产权工作；
>　　c）知识产权日常管理，包括统计知识产权信息并报送知识产权管理机构备案等；
>　　d）确保与知识产权管理机构的有效沟通，定期向其报告知识产权工作情况。
>　　注：研究中心是指科研组织直接管理的实验室、研究室等机构。

【审核要点】

查看知识产权手册记载的各研究中心（科研组织直接管理的实验室、

91

研究室等机构）的职责是否全面、清晰。如有《知识产权管理体系组织机构图》，查看图中各个机构是否和职责描述对应。如有《职责分配表》，查看各项条款对应的主责部门是否清楚。

审核各研究中心时，询问是否配备专职或兼职工作人员，以及人员数量、能力等情况，判断能否协助研究中心负责人承担本部门的相关职责，询问负责人日常工作职责和业务流程，检查其是否熟悉本部门的主要职责。

询问是否拟制本研究中心的知识产权计划，如何组织和实施该计划。

询问本研究中心所承担的科研项目的情况，上述科研项目实施过程中知识产权工作如何开展。

询问本研究中心的知识产权日常管理工作有哪些，如何开展，与知识产权管理机构之间沟通的机制有哪些，如何确保有效沟通。

六、项目组

（一）项目组长

【标准条款 5.6.1】

> 项目组长负责所承担科研项目的知识产权管理，包括：
> a）根据科研项目要求，确定知识产权管理目标并组织实施；
> b）确保科研项目验收时达到知识产权考核的要求；
> c）设立项目组知识产权专员。

【审核要点】

查看知识产权手册记载的项目组长的职责是否全面、清晰。如有《知识产权管理体系组织机构图》，查看图中项目组长是否和职责描述对应。如有《职责分配表》，查看各项条款对应的主责部门是否清楚。

审核各项目组长时，询问其所承担科研项目的知识产权管理职责和业务流程，检查其是否熟悉相应的职责。查看形成的相关知识产权和记录。

询问该项目组的知识产权管理目标是什么。如何组织实施，确保目标的实现。

询问通过何种措施确保科研项目验收达到知识产权考核的要求。

询问该项目的知识产权专员配备情况，判断能否满足项目知识产权管理的需要。

（二）知识产权专员

【标准条款5.6.2】

> 协助项目组长进行科研项目知识产权管理，负责：
> a）专利导航工作；
> b）知识产权信息管理，并定期向研究中心报告科研项目的知识产权情况；
> c）组织项目组人员参加知识产权培训；
> d）项目组知识产权事务沟通。

【审核要点】

查看知识产权手册记载的知识产权专员的职责是否全面、清晰。

询问相应知识产权专员所承担的职责和业务流程，检查其是否熟悉相应的职责。

询问知识产权专员项目是否开展专利导航工作，如何开展。

询问知识产权专员知识产权信息管理情况，如何向研究中心报告科研项目的知识产权管理情况等。

询问知识产权专员是否定期组织项目组人员参加知识产权培训，参加的频率，组织的形式等。

询问知识产权专员如何进行项目组内部知识产权事务沟通。

【案例解析】

某研究所自2019年1月开始运行知识产权管理体系，该研究所有700余人，下设12个研究中心，包括56个项目组。知识产权管理体系运行之后，每个项目组都设立了知识产权专员，其中某项目组有人员23人，王老师担任知识产权专员，为了更好地推动知识产权管理体系的运行，该所组织了3次对知识产权专员的培训，并要求知识产权专员参加培训后，回到项目组再对项目组人员开展知识产权培训，王老师作为知识产权专员都参加了上述培训。

2019年11月开展现场审核，审核员问王老师是否组织过项目组人员参加知识产权培训，王老师才想起来，自己参加完所里的知识产权培训后，由于自己所承担的国家课题面临结题验收，一直忙于准备验收答辩材料，还没来得及组织项目组人员进行知识产权培训。

该研究所人数比较多，所以采用先对知识产权专员开展培训，然后再由知识产权专员对本项目组人员开展知识产权培训的模式，这种模式效率较高，层层传达，能够起到较好的培训效果。

王老师作为项目组的知识产权专员，在参加3次所里的知识产权培训后，忙于自己所负责的科研项目的结题验收工作，没能及时组织对本项目组人员进行知识产权培训，这样本项目人员对于知识产权基础知识及知识产权管理体系的知识了解都不够充分，在实际工作中难以很好地按照标准要求开展工作，对知识产权管理体系运行不能起到很好的支撑作用。

该所的工作不符合 GB/T 33250—2016 标准 5.6.2 知识产权专员"c)组织项目组人员参加知识产权培训"的规定。

第三节　基础管理

一、人力资源管理

（一）员工权责

【标准条款 6.1.1】

> 通过人事合同明确员工的知识产权权利与义务，包括：
> a) 与员工约定知识产权权属、奖励报酬、保密义务等；
> b) 建立职务发明奖励报酬制度，依法对发明人给予奖励和报酬，对为知识产权运用做出重要贡献的人员给予奖励；
> c) 明确员工造成知识产权损失的责任。

【审核要点】

查看知识产权手册及相应文件的规定是否符合标准要求、内容完整充分、表述是否规范适宜。

询问人事部门负责人在处理人事合同等事项时，从知识产权角度，需要注意哪些问题。

查看研究所的人员清单，根据抽样方案，进行分层次抽样，查看不同类型员工（如在编员工、聘用制员工等）的人事合同，重点关注项目组长、重要研究人员的人事合同，查看人事合同中是否约定知识产权权属、奖励报酬、保密义务等，判断上述约定是否合规、合理。

询问是否建立职务发明奖励报酬制度，查看上述制度，是否明确对发明人给予奖励和报酬，对为知识产权运用做出重要贡献的人员给予奖励，是否明确员工造成知识产权损失的责任。有必要时，查看知识产权奖励报酬发放记录，验证是否与职务发明奖励报酬制度中的规定一致。

【案例解析】

某研究所自2019年1月开始运行知识产权管理体系，该研究所有在编员工359人，知识产权管理体系运行之后，该研究所针对人事合同模板进行了修订，按照标准要求，增加了知识产权权属、奖励报酬、保密义务等条款，新入所的员工都签订新版的人事合同。针对体系运行之前的老员工，该所制定了人事合同补充协议，在补充协议中约定了知识产权权属、奖励报酬、保密义务等条款，体系运行之前的老员工都补签了人事合同补充协议。

2019年11月开展现场审核，审核员与人事处负责人万处长沟通，了解了研究所人员情况，查看了该所员工花名册，发现除359名在编员工外，还有87名聘用制员工。审该员现场抽查了上述人员的人事合同，发现在编员工和聘用制员工的人事合同管理不一样，知识产权管理体系运行之后，在编员工的人事合同及补充协议符合标准要求，但是查看聘用制员工的聘用合同中并没有知识产权权属、奖励报酬、保密义务等条款，其中××项目中有项目聘用人员5人，4人是2019年1月之前进入研究所工作，1人是2019年7月进入项目组工作，上述5人在项目组中参与了3项国家自然基金项目的研究工作，现场查看上述项目聘用人员的聘用合同中并没有知识产权权属、奖励报酬、保密义务等条款。

在事业单位法人的研究所中一般存在两类员工，即具有事业单位编制的在编员工和社会聘用的聘用制员工，聘用制员工中有很多都是由于科研项目人手不足，才对外招聘聘用制人员，因此很多聘用制员工都参与科研项目活动，能够接触到项目组的实验数据等技术秘密，比如上述案例解析中，××项目组的5名项目聘用制人员参与了3项国家自然基金项目的研究工作，所以对于这类人员也要在劳动合同中约定知识产权权属、奖励报酬、保密义务等，一方面明确知识产权权属，界定职务发明与非职务发明的知识产权权属，另一方面明确权利义务，充分保障研发人员在发明创造中所享有的奖励，并承担相应的保密义务，避免造成知识产权流失。

该所的工作不符合 GB/T 33250—2016 标准 6.1.1 员工权责 "a) 与员工约定知识产权权属、奖励报酬、保密义务等" 的规定。

（二）入职和离职

【标准条款 6.1.2】

> 加强入职、离职人员的知识产权管理，包括：
> a) 对新入职员工进行适当的知识产权背景调查，形成记录；
> b) 对于与知识产权关系密切岗位，应要求新入职员工签署知识产权声明文件；
> c) 对离职、退休的员工进行知识产权事项提醒，明确有关职务发明的权利和义务；
> d) 涉及核心知识产权的员工离职时，应签署知识产权协议或竞业限制协议。

【审核要点】

查看知识产权手册及相应文件的规定是否符合标准要求、内容完整充分、表述是否规范适宜。

询问人事部门负责人在处理人员入职和离职等事项时，从知识产权角度，需要注意哪些问题。

询问针对新入职员工知识产权背景调查工作如何开展，是否针对不同背景的入职员工采用相应的调查方式，判断调查方式能否充分了解新入职员工的知识产权背景情况。查看新入职员工清单，抽查若干份新入职员工的入职材料的背景调查记录（记录表、电话记录等），判断上述调查是否是充分、有效的。

对于知识产权关系密切岗位是如何进行界定，是否对知识产权关系密切岗位新入职人员签署知识产权声明文件，抽查新入职知识产权关系密切岗位人员所签订的知识产权声明文件，判断声明文件内容是否适宜。

查看离职、退休的员工名单，抽查近期若干份离职人员的离职手续及相关材料，是否包括约谈记录，是否包括知识产权事项提醒，明确有关职务发明的权利和义务的内容。

询问是否有核心知识产权员工离职，针对核心知识产权的员工离职是否签署了知识产权离职协议或竞业限制协议，查看协议是否适宜。

【案例解析1】

某研究所自2019年1月开始运行知识产权管理体系，2019年7月该研究所新招聘了10名职工，其中9名是应届毕业博士生，1名是从某企业招聘。人事部工作人员根据体系运行要求，给上述人员每人发了一份《入职知识产权背景调查表》，由入职人员填写，并签字，表单中包括之前工作中专利申请情况、之前工作中涉及的知识产权情况介绍、以前雇主信息以及是否有签订竞业限制协议等内容。

人事部门工作人员将入职人员填写的表单收集后就进行了归档，没有进行核实。

2019年11月审核组进入该研究所进行现场审核，审核员与人事部门工作人员沟通，了解了对入职人员进行背景调查的过程，询问没有对调查表中的内容进行核实的原因，工作人员回答说："我们招聘的都是高学历人才，所填写的信息都是真实无误的，不存在造假行为。"审查员现场抽查4份《入职知识产权背景调查表》，均只有被调查人签字，没有调查人签字确认。其中1份应届博士生所填写的《入职知识产权背景调查表》中"之前工作中涉及的知识产权情况介绍"处为"无"，经审核员检索，其在攻读博士期间申请了 5 项发明专利。其中 1 份社会招聘人员的《入职知识产权背景调查表》中勾选"曾签订过竞业限制协议"。

入职知识产权背景调查应该是一种主动的调查行为，形式多样，包括问卷填写、电话核实、前雇主拜访和检索调查。该研究所的人事部门工作人员仅是由入职人员填写了调查表，自己并没有去核实信息的真实性和准确性，在《入职知识产权背景调查表》应该增加调查人员签字确认，以证明调查结果经过调查人员的验证。

审核组现场审核发现有的调查表中填写信息不正确，社会招聘人员的调查表中还写明曾签订过竞业限制协议，针对这种情况一定要详细了解该竞业限制的内容，是否有限制单位名单，所在研究所是否在名单内，以及该竞业限制协议是否过期等，还应该通过电话与上家雇主联系了解详细情况，以规避风险。

该所的工作不符合 GB/T 33250—2016 标准 6.1.2 入职和离职"a）对新入职员工进行适当的知识产权背景调查，形成记录"的规定。

【案例解析 2】

某研究所目前每年都有很多职工退休，同时每年也会招聘大量新职工，由于编制名额原因，所招聘的新职工中有很大一部分是聘用制员工，因此每年也有很多聘用制员工离职。

该所自 2019 年 1 月开始运行知识产权管理体系，2019 年 11 月审核组进入该研究所进行现场审核，审核员与人事管理部门员工进行沟通，了解职工离职、退休的管理，对方将目前员工离职、退休的流程进行了介绍，包括离职、退休所内物品交接、相关部门审批等。审核员询问是否进行知识产权事项提醒，明确有关职务发明的权利和义务，对方回答目前没有开展，因为退休的员工一般所内都会返聘，离职的人员一般也不掌握关键技术，所以没有做，但是审核员经过了解，多年前该研究所曾有人离职后，利用在所内工作期间的职务发明开了一家公司，效益还不错。

对离职、退休的员工进行知识产权事项提醒，明确有关职务发明的权利和义务，目的是防止离职、退休员工将职务发明用于其他方面，侵犯单位的知识产权。

该研究所曾经发生过离职人员擅自使用职务发明的情况，但是该所依然没有意识到进行知识产权事项提醒的必要性。对于退休员工，虽然所里可能会返聘，但是不能保证所有退休员工不会进入其他单位工作；对于离职人员是否掌握关键技术也不好完全断定，其离职后进入同行业企业工作的可能性非常大，因此对其进行知识产权事项提醒是非常必要的。

该所的工作不符合 GB/T 33250—2016 标准 6.1.2 入职和离职"d）涉及核心知识产权的员工离职时，应签署知识产权协议或竞业限制协议"的规定。

（三）培训

【标准条款 6.1.3】

> 组织开展知识产权培训，包括：
> a）制定知识产权培训计划；
> b）组织中、高层管理人员的知识产权培训；
> c）组织知识产权管理人员的培训；
> d）组织项目组长、知识产权专员的专项培训；
> e）组织员工的知识产权培训。

【审核要点】

查看知识产权手册及相应文件的规定是否符合标准要求、内容完整充分、表述是否规范适宜。

询问部门负责人如何制订知识产权培训计划，培训内容考虑的因素有哪些。查看年度知识产权培训计划，查看有无涉及中、高层管理人员、知识产权管理人员、项目组长、知识产权专员、普通员工的培训计划，查看培训计划的审批记录是否规范。

根据培训计划，查看现场审核时间之前完成的相应培训记录（时间、地点、参加人、培训老师、培训内容、考核记录等），结合项目组的数量等情况，检查培训的参与情况和考核效果，必要时，请负责相应项目组审核的审核员配合调查询问验证，判断针对不同层次人员所开展的知识产权培训，能否满足其知识产权需求。

【案例解析】

某研究所自 2019 年 1 月开始运行知识产权管理体系，根据标准要求，科研处在制订所级年度培训计划时，将知识产权培训一同纳入培训计划，全年共计划进行 5 次知识产权培训，计划 2 月开展知识产权专员培训，3 月开展项目组长培训，5 月进行知识产权管理人员培训，9 月针对新入职员工、新入所学生开展培训、11 月开展全体员工培训。

2019 年 11 月，审核组进入该研究所进行现场审核，审核员与科研处工作人员沟通，了解知识产权培训开展情况，对方说 2019 年计划开展的培训都在有序开展中，该年度计划开展 5 次知识产权培训，目前已经完成 4 次，审核员查看了培训计划和已实施的培训记录，发现其中缺少针对中高层管理人员的培训，询问工作人员，对方说中高层管理人员都是领导，一方面都比较忙，很难凑齐；另一方面给领导做培训，感觉水平有限，难以开展。

中高层管理人员在知识产权管理体系运行过程中起着至关重要的作用，只有管理人员具有较强的知识产权意识，重视知识产权工作，知识产权管理体系才能更好运行，因此要重视对中高层管理人员的知识产权培训，通过培训唤起或加强其对知识产权的重视程度。

该研究所以领导工作忙、给领导培训有压力等理由不开展针对中高层管理人员的知识产权培训是不合适的，针对中高层管理人员的培训可以采取灵活的培训方式，不一定要把所有领导都聚在一起开展培训。培训讲师可以聘请外部专家，一方面更加专业，另一方面领导也会更加重视。

该所的工作不符合 GB/T 33250—2016 标准 6.1.3 培训"b）组织中、高层管理人员的知识产权培训"的规定。

（四）项目组人员管理

【标准条款 6.1.4】

加强项目组人员的知识产权管理，包括： a）针对重大科研项目进行项目组人员知识产权背景调查；必要时签署保密协议；

> b）在论文发表、学位答辩、学术交流等学术事务前，应进行信息披露审查；
> c）在项目组人员退出科研项目时，进行知识产权提醒。

【审核要点】

查看知识产权手册及相应文件的规定是否符合标准要求、内容是否完整充分、表述是否规范适宜。

对各项目组审核时，询问项目组负责人针对重大科研项目，是否进行了项目组人员知识产权背景调查，是否签署保密协议，如何开展知识产权背景调查工作，查看近期重大科研项目新进人员的知识产权背景调查记录，验证调查的充分性和有效性，如有签订保密协议，查看保密协议并判断其适宜性。

询问项目组负责人在论文发表、学位答辩、学术交流等学术事务前进行信息披露审查的流程，抽查若干篇论文，查看发表前是否进行信息审查，审查学位论文答辩、学术交流等学术事务前，是否进行信息披露审查，查看审查记录，是否与规定流程相一致。

询问项目组负责人项目组人员退出科研项目时，是否进行知识产权提醒，查看提醒记录，判断提醒是否充分、有效。

【案例解析1】

某研究所自2018年1月开始运行知识产权管理体系，2018年2月该所招聘一名科研人员吴某，进入王老师课题组，参与一个横向课题项目的研究，该课题是江苏某企业委托，其中一部分实验室在该江苏企业开展，2018年3月，吴某即前往江苏开展实验工作，为期一年。2019年3月该项目结题后，吴某返回所内。2019年4月由于课题调整，吴某加入了张老师课题组。

2019年8月，审核组进入该研究所进行现场审核，审核员在审核课题组时，与张老师沟通项目组人员管理情况，了解到吴某新进入其项目组后参与了一项重大科研项目，审核员问张老师是否对吴某进行知识产权背景调查；是否签署保密协议；张老师说吴某在2018年2月进入研究所时，人事科已经对其进行过背景调查,并且也签订有保密协议,所以没有重复进行调查。审核员现场查看了2018年2月针对吴某进行的知识产权背景调查记录,但是经过了解,吴某在王老师课题组工作期间参与的纵向课题,申请了多项专利,专利申请人为合作的江苏企业,并且还与江苏企业签订过保密协议,上述信息在其知识产权背景调查表中都没有记录,并且其参与的横向课题与目前参与的重大科研项目研究方向相似,技术上有一定重叠。

重大科研项目由于其中涉及的技术方案、产品特性等信息重要程度比较高,所以对参与项目的人员也要进行重点筛选,人员的知识产权背景就非常重要,另外对于人员的保密要求相对也要高,最好能够就项目中要求的保密事项通过签订项目保密协议的形式予以约定。

该案例解析中,虽然吴某在进入研究所时,对其做过知识产权背景调查,但是在进入重大科研项目时,其知识产权背景已经有了新的变化,吴某在王老师课题组参与的横向课题研究中,作为发明人申请了多项专利,专利权人为江苏某公司,其中涉及的技术方案与目前承担的重大科研项目接近,并且吴某还与江苏公司签订过保密协议,因此在吴某进入该重大科研项目时,如果不进行知识产权背景调查,就了解不到以后的这些情况,如果吴某将其原参与项目的知识产权带入现有项目,可能会泄露江苏公司的技术秘密或者侵犯其知识产权。

该所的工作不符合GB/T 33250—2016标准6.1.4项目组人员管理"a)针对重大科研项目进行项目组人员知识产权背景调查;必要时签署保密协议"的规定。

【案例解析2】

某研究所决定在所内推行《科研组织知识产权管理规范》,于是按照标准要求梳理了研究所的规章制度,并进行丰富完善。2019年1月知识产权管理体系正式运行。

2019年11月审核组进入该研究所进行现场审核,审核员在审核某项目组时,与项目组负责人了解在论文发表、学位论文答辩、学术交流等学术事务前,如何进行信息披露审查,项目组负责人说一般会有《论文/学术

第四章 《科研组织知识产权管理规范》审核要点

交流信息发布审批表》，由申请人填写，经其审批后再发布。审核员现场审查数份审批表，并通过网络检索，发现其项目组李老师2019年5月在某学术会议上发表了一篇会议论文，但是没有找到对应的审批表。经李老师解释，当时他参加该学术会议时比较突然，并且正赶上项目组负责人出国了，他认为该会议论文中的内容也不涉密，所以没有审批就去参加了。

论文发表、学位论文答辩、学术交流等学术事务中会涉及知识产权信息的对外披露，所以在发布之前应该进行相应的审批。李老师参加学术交流会议，由于时间突然、项目组负责人出国等原因不进行审批，就擅自发表学术会议论文的行为是不妥当的，一方面，审批的方式是多种多样的，项目组负责人在国外，也可以通过电子邮件等形式进行审批；另一方面，自己判断不涉密，也是不客观、不准确的，如果由于自己认识不足，可能会造成科研组织的知识产权权利流失。

该所的工作不符合 GB/T 33250—2016 标准 6.1.4 项目组人员管理 "b) 在论文发表、学位答辩、学术交流等学术事务前，应进行信息披露审查" 的规定。

（五）学生管理

【标准条款6.1.5】

> 加强学生的知识产权管理，包括：
> a）组织学生进行知识产权培训，提升知识产权意识；
> b）学生进入项目组，应进行知识产权提醒；
> c）在学生发表论文、进行学位答辩、学术交流等学术事务前，应进行信息披露审查；
> d）学生因毕业等原因离开科研组织时，可签署知识产权协议或保密协议。

【审核要点】

查看知识产权手册及相应文件的规定是否符合标准要求、内容是否完整充分、表述是否规范适宜。

结合对知识产权管理机构、各项目组、院系人事管理部门审核时，分别审核针对学生的知识产权培训记录，通过抽查知识产权培训记录，看学生参与情况，以及培训内容是否满足学生提升知识产权意识的需求。知识产权培训课结合科研组织知识产权课程开设情况，如果有开设知识产权相关课程，并满足学生培训学习的需要，可以作为培训经历。

审核各个项目组时，询问如何开展知识产权提醒，抽查若干学生进入项目组时知识产权提醒的记录，判断提醒的内容是否充分。询问针对学生毕业等原因离开项目组时，是否签署了知识产权协议或保密协议，如果有签署，抽查若干份，查看协议内容是否适宜。

审核项目组时，询问如何针对发表论文、学位论文答辩、学术交流等学术事务前，应进行信息披露审查，可结合中国知网等途径查看近期论文发表情况，抽查审查记录，判断是否与规定的审查流程相符。

【案例解析】

某研究所决定在所内推行《科研组织知识产权管理规范》，于是按照标准要求梳理了研究所的规章制度，并进行丰富完善。2019年1月，知识产权管理体系正式运行。

2019年11月，审核组进入该研究所进行现场审核。审核员在审核某项目组时，询问项目组负责人，学生进入项目组是否进行知识产权提醒，项目组负责人说他们学生的知识产权意识都很强，不用单独进行提醒。因为学生在入学时，会有知识产权培训，并且学习期间，必修课中有知识产权课程，教育培训已经到位，所以没有进行提醒。

每个项目组都有其各自的特点，针对不同的项目组其知识产权要求也不尽一致，包括对保密的要求等，所以在学生进入项目时应该针对本项目组的具体情况开展相应的知识产权提醒，以避免学生由于不熟悉情况而造成知识产权流失。不能因为学生前期有相应的知识产权教育培训，就不再进行进入项目组的知识产权事项提醒。

该所的工作不符合 GB/T 33250—2016 标准 6.1.5 学生管理 "b) 学生进入项目组，应进行知识产权提醒"的规定。

第四章 《科研组织知识产权管理规范》审核要点

二、科研设施管理

【标准条款6.2】

> 加强科研设施的知识产权管理,包括:
> a) 采购实验用品、软件、耗材时进行知识产权审查;
> b) 处理实验用过物品时应进行相应的知识产权检查;
> c) 在仪器设备管理办法中明确知识产权要求,对外租借仪器设备时,应在租借合同中约定知识产权事务;
> d) 国家重大科研基础设施和大型科研仪器向社会开放时,应保护用户身份信息以及在使用过程中形成的知识产权和科学数据,要求用户在发表著作、论文等成果时标注利用科研设施仪器情况。

【审核要点】

查看知识产权手册及相应文件的规定是否符合标准要求、内容是否完整充分、表述是否规范适宜。

询问科研机构负责人需要哪些科研设施,如何管理,是否已经满足需求。

了解实验用品、软件、耗材采购的归口部门,分别针对相应部门的负责人询问采购之前如何开展知识产权审查,查看相应审查记录,从风险规避角度看审查记录是否充分、有效。

询问负责人如何管理实验用过物品的处理,检查全部重要物品的处理情况,查看相应知识产权检查记录,判断是否符合专利法、相应合同的要求,能否避免侵犯知识产权。

询问是否建立仪器设备管理办法,检查各项目组有哪些仪器设备对外租借,查看租借合同,是否约定知识产权条款。

询问如何管理"国家重大科研基础设施和大型科研仪器",在向社会开放时,如何保护用户身份信息以及相应的知识产权和科学数据,如何要求用户在发表著作、论文等成果时标注利用科研设施仪器的情况。

【案例解析 1】

某研究所决定在所内推行《科研组织知识产权管理规范》，于是按照标准要求梳理了研究所的规章制度，并进行丰富完善，其中新制定了《采购管理办法》等文件。2019 年 1 月，知识产权管理体系正式运行，对实验用品、软件、耗材采购，该研究所按照金额进行划分，金额高于 5 万元的，由资产处统一采购，金额低于 5 万元的，由所在部门或项目组单独进行采购，但是采购过程统一执行研究所制定的《采购管理办法》。

2019 年 11 月，审核组进入该研究所进行现场审核，审核员在审核某项目组时，了解到该项目组新购买了一款实验数据图形处理软件，该项目组负责人提供了购买之前针对供应商 A 公司进行知识产权审查的记录，A 公司有软件著作权 10 项、商标 5 项，并提供了证明材料，包括供应商的营业执照、软件著作权证书、商标证书复印件。该实验数据图形处理软件著作权属于国外 B 公司，经查询其在国内唯一授权经销商为 C 公司，A 公司并没有合法授权进行销售该软件。

采购实验用品、软件、耗材时，进行知识产权审查，目的是避免侵犯知识产权的风险，该项目组在购买实验数据图形处理软件时，虽然对供应商 A 公司进行了知识产权检查，但是未发现 A 公司没有销售该软件的合法授权，所以导致购买的软件存在侵权风险。

该所的工作不符合 GB/T 33250—2016 标准 6.2 科研设施管理"a）采购实验用品、软件、耗材时进行知识产权审查"的规定。

【案例解析 2】

某研究所决定在所内推行《科研组织知识产权管理规范》，于是按照标准要求梳理了研究所的规章制度，并进行丰富完善。2019 年 1 月，知识产权管理体系正式运行。

2019 年 11 月，审核组进入该研究所进行现场审核，审核员在审核某项目组时，到该项目组的实验室进行查看，发现垃圾桶中放着很多未开封的药品，负责人解释他们有一个抗肿瘤药物的研发项目，需要购买原研药品作为参比制剂，但是原研药品仅在美国上市销售，国内没有上市，并且原研药品在国内有专利保护，国内没有仿制药销售，所以他们与原研药公司签订的参比制剂购买合同后购买了上述药品，但是该项目仅进行了半年，由于各种原因停止了，所以这些药品也没有用了，只能扔掉。审核员查看了与原研药公司签订的参比制剂购买合同，发现其中明确约定所购买药物的使用范围，按 Bolar 例外原则，所购买药品仅能用于科学研究和行政审批目的使用，并且实验剩余药品必须进行销毁，不能流入市场，否则要承担侵权责任。

根据《中华人民共和国专利法》第 69 条第 4 款和第 5 款的规定，有下列情形之一的，不视为侵犯专利权：

（四）专为科学研究和实验而使用有关专利的；

（五）为提供行政审批所需要的信息，制造、使用、进口专利药品或者专利医疗器械的，以及专门为其制造、进口专利药品或者专利医疗器械的。

所以，科研组织在科学研究中使用一些物品，不侵犯专利权人的专利权，但是这些物品如果流入市场则会造成侵权。上述项目组所购买的药品如果流入市场，则可能导致侵犯原研药厂家的专利权，并且该研究所在与原研药厂家签订的购买合同中也有使用及处理的要求，如果随意扔掉，会违反合同约定，因此在处理实验用过物品时应进行相应的知识产权检查。

该所的工作不符合 GB/T 33250—2016 标准 6.2 科研设施管理 "b）处理实验用过物品时应进行相应的知识产权检查"的规定。

三、合同管理

【标准条款 6.3】

> 加强合同中的知识产权管理，包括：
> a）对合同中的知识产权条款进行审查，并形成记录；
> b）检索与分析、预警、申请、诉讼、侵权调查与鉴定、管理咨询等知识产权对外委托业务应签订书面合同，并约定知识产权权属、保密等内容；

> c）在进行委托开发或合作开发时，应签订书面合同，明确约定知识产权权属、许可及利益分配、后续改进的权属和使用、发明人的奖励和报酬、保密义务等；
>
> d）承担涉及国家重大专项等政府项目时，应理解该项目的知识产权管理规定，并按照要求进行管理。

【审核要点】

标准涉及合同的条款包括 6.1.1 人事合同、6.2 租借合同、6.3 知识产权对外委托合同及合作开发或委托开发合同、8.3 许可转让合同、8.4 作价投资合同，上述条款中对各类合同中相应内容进行了要求，6.3 合同管理条款属于纲领性条款，规定对各类合同签订应进行知识产权审查，以保证合同中有相应的知识产权条款。

查看知识产权手册及相应文件的规定是否符合标准要求、内容是否完整充分、表述是否规范适宜。

询问合同管理机构负责人是否建立了合同管理制度，合同如何管理和审查，例如询问合同是集中管理还是分散管理。如果集中管理，就在该部门抽取若干类合同，检查针对知识产权条款的审查记录，评价合同的内容与知识产权条款的审查是否充分有效；如果分散管理，则应在各个部门调取合同和相应的审查记录，在编写审核计划时应注意在相应部门体现，查看相应条款是否充分有效，针对合同中的知识产权条款是否进行审查，评价审查的效果。重点关注合同的编号、名称、知识产权权属等事项，审查记录的主要事项等。

询问负责人是否签订检索与分析、预警、申请、诉讼、侵权调查与鉴定、管理咨询等知识产权对外委托合同，抽查若干份合同，查看合同中是否有约定知识产权权属、保密等内容。

询问负责人是否有签订知识产权对外委托合同，委托开发或合作开发合同中是否有明确约定知识产权权属、许可及利益分配、后续改进的权属和使用、发明人的奖励和报酬、保密义务等，判断针对不同类型合同其条款约定是否适宜。

询问负责人是否有承担国家重大专项等政府项目，相关人员是否了解知识产权管理规定，是否按要求进行管理。

【案例解析 1】

某研究所决定在所内推行《科研组织知识产权管理规范》，于是按照标准要求梳理了研究所的规章制度，并进行丰富完善。2019 年 1 月，知识产权管理体系正式运行，对于合同管理，经过梳理，各类合同签订之前统一由科研处对知识产权条款进行审查。

2019 年 11 月，审核组进入该研究所进行现场审核，审核员在询问科研处负责人如何进行合同知识产权条款审查时，负责人介绍，最初合同审查，都是由相关部门通过电子邮件将要签订的合同发给他，他审查后将修改后的合同通过电子邮件返回，但是前段时间上线了 ERP 管理系统，其中增加了合同审查流程，因此有的人是通过 ERP 系统提交合同审查，有的人仍是通过电子邮件进行审查。审查员抽查了近期签订的若干份采购合同，发现其中两份合同已经签订，但是没有审查记录，经查看科研处负责人邮箱，有采购人员发送的审查邮件，但是尚未阅读，科研处负责人解释说可能是由于邮件审查和 ERP 管理系统审查处于过渡阶段，因此疏于查看电子邮件。

对合同中的知识产权条款进行审查，目的是规避合同中的知识产权风险，审查过程形成记录，是为了有迹可循。

案例解析中，该研究所虽然正处于 ERP 管理系统过渡阶段，但是科研处没有很好地厘清合同审查的管理流程，导致有合同未能及时进行审查。而采购人员在合同没有得到审查意见的情况下就签订合同，说明其对合同审查的重要性认识不足，需要加强培训。

该所的工作不符合 GB/T 33250—2016 标准 6.3 合同管理 "a) 对合同中的知识产权条款进行审查，并形成记录" 的规定。

【案例解析 2】

某研究所决定在所内推行《科研组织知识产权管理规范》，于是按照标准要求梳理了研究所的规章制度，并进行丰富完善。2019 年 1 月，知识产权管理体系正式运行，其中科研处负责检索与分析、预警、申请、诉讼、侵权调查与鉴定、管理咨询等知识产权对外委托合同的签订和管理。

2019 年 11 月，审核组进入该研究所进行现场审核，审核员在询问科研处负责人对专利代理合同如何进行管理时，负责人介绍，研究所的专利代理业务均由甲知识产权代理公司提供服务，提供了研究所与甲代理公司签订的专利代理合同，审核员发现合同签订日期为 2014 年，合同有效期为 3 年，目前已经过期，负责人解释，研究所与甲代理公司的合作已经有 5 年，合作很愉快，彼此间非常信任，费用半年一结，也从来没有出现过纠纷，所以就没有续签合同，一直按照原来的合同执行的。

在检索与分析、预警、申请、诉讼、侵权调查与鉴定、管理咨询等知识产权对外委托业务应签订书面合同，并约定知识产权权属、保密等内容；目的是规避风险，保护双方权益。案例解析中该研究所不能因为合作关系好，而不签订合同，只有签订合同，才成立民事法律关系，一旦出现纠纷，可以界定责任。通过签订合同的形式约定知识产权权属、保密等内容对双方都是一种提醒和约束，在合作过程中能够恪尽职守，各司其职。

该所的工作不符合 GB/T 33250—2016 标准 6.3 合同管理 "b）检索与分析、预警、申请、诉讼、侵权调查与鉴定、管理咨询等知识产权对外委托业务应签订书面合同，并约定知识产权权属、保密等内容"的规定。

【案例解析3】

某研究所决定在所内推行《科研组织知识产权管理规范》，于是按照标准要求梳理了研究所的规章制度，并进行丰富完善。2019 年 1 月，知识产权管理体系正式运行，其中科研处负责委托开发或合作开发合同的签订和管理。

2019 年 11 月，审核组进入该研究所进行现场审核，审核员询问科研处负责人委托开发或合作开发合同签订情况，负责人介绍，自体系运行以来，该所共签订 45 份相关合同，其中 30 份为纵向课题，15 份为横向课题，审核员抽查了 6 份纵向课题合同，4 份横向课题合同。审查发现，纵向课题合同中对知识产权权属、许可及利益分配、后续改进的权属和使用、发明人的奖励和报酬、保密义务等约定较为清楚；4份横向课题合同中有两份约定较为全面，另两份中没有约定许可及利益分配、后续改进的权属和使用等条款。科研处负责人介绍，该合同模板是合作单位提供的，当时签订前进行审查发现有知识产权权属条款约定，就签订了，认为约定不约定许可及利益分配、后续改进的权属和使用也没有什么风险。

委托开发或合作开发中知识产权条款约定是否明确非常重要，因为在双方合作过程中有很多不可预见的事件，所以为了避免产生纠纷，合同中一定要界定清楚。案例解析中科研处负责人认为不约定许可及利益分配、后续改进的权属和使用也没有什么风险，这种想法是不对的，当前在委托开发或合作开发中由于利益分配不均而对簿公堂的比比皆是，这都是当初没有约定清楚的原因。对于一项技术而言，后续改进的权属和使用也非常重要，在实践操作中也很容易产生纠纷。

该所的工作不符合 GB/T 33250—2016 标准 6.3 合同管理"c）在进行委托开发或合作开发时，应签订书面合同，明确约定知识产权权属、许可及利益分配、后续改进的权属和使用、发明人的奖励和报酬、保密义务等"的规定。

四、信息管理

【标准条款6.4】

加强知识产权信息管理，包括：

a）建立信息收集渠道，及时获取所属领域、产业发展、有关主体的知识产权信息；

b）建立专利信息分析利用机制，对信息进行分类筛选和分析加工，形成产业发展、技术领域、专利布局等有关情报分析报告，并加以有效利用；

c）建立信息披露的知识产权审查机制。

【审核要点】

查看知识产权手册及信息披露的知识产权审查机制等文件的规定是否符合标准要求、内容是否完整充分、表述是否规范适宜。

询问主管机构负责人如何开展信息资源管理工作，询问有哪些渠道收集知识产权信息，如何确保及时获取，如何处理加工，如何利用。

抽查若干条信息的收集记录，询问从什么渠道得来，组织还建立了哪些信息收集渠道；对这些信息如何分类筛选，如何分析加工，提供给哪些部门和人员使用，进一步追查使用效果。

询问是否建立信息披露的知识产权审查机制，应抽查各类型信息披露前的审批记录、签字情况，信息类型包括科技论文、专利文件、学术会议的讲座、网站宣传的文件、宣传材料等，查看是否会出现侵犯知识产权或造成知识产权流失的情况。

【案例解析】

某研究所决定在所内推行《科研组织知识产权管理规范》，于是按照标准要求梳理了研究所的规章制度，并进行丰富完善。2019年1月，知识产权管理体系正式运行，图书馆作为知识产权服务支撑机构，购买了商业专利数据，负责建立信息收集渠道，及时获取所属领域、产业发展、有关主体的知识产权信息，并进行分析加工。

2019年11月，审核组进入该研究所进行现场审核，审核员在询问图书馆负责人如何开展对所属领域、产业发展、有关主体的知识产权信息以及分析加工工作，该负责人说这部分工作还没有想好如何开展，所以一直没有做，一方面图书馆人手有限，除了日常图书借阅管理之外，目前主要精力是为项目组提供检索查新服务，另一方面研究所涉及的领域众多，仅靠图书馆有限的人员难以完成收集工作，并且图书馆工作人员对研究领域的专业知识并不太熟悉，所以对相关信息的分析也难以开展。

获取所属领域、产业发展、有关主体的知识产权信息，对信息进行分类筛选和分析加工，形成产业发展、技术领域、专利布局等有关情报分析报告，可以及时获知相关领域、产业、主体的最新信息，了解最新动态，可以为管理层进行决策、为研发人员开展研究工作提供帮助。

该研究所没有开展信息收集和分析工作，主要原因是没有对上述工作进行合理规划和设置，图书馆作为知识产权服务支撑机构，熟悉专利检索数据库的使用，可以负责建立信息收集渠道，对信息收集工作可以与研究中心合理选取相关的领域、产业发展和有关主体，然后进行信息收集，收集完成后，将由相应领域、产业发展和有关主体的知识产权信息分配给对应的研究中心，可以由研究中心负责对信息进行分类筛选和分析加工，形成产业发展、技术领域、专利布局等有关情报分析报告。

该所的工作不符合 GB/T 33250—2016 标准 6.4 信息管理 "a）建立信息收集渠道，及时获取所属领域、产业发展、有关主体的知识产权信息；b）建立专利信息分析利用机制，对信息进行分类筛选和分析加工，形成产业发展、技术领域、专利布局等有关情报分析报告，并加以有效利用"的规定。

第四节 科研项目管理

一、分类

【标准条款 7.1】

> 根据科研项目来源和重要程度等对科研项目进行分类管理；科研项目应实行立项、执行、结题验收全过程知识产权管理，重大科研项目应配备知识产权专员。

【审核要点】

查看知识产权手册及相应文件的规定是否符合标准要求、内容是否完整充分、表述是否规范适宜。

询问科研主管部门或各项目组负责人，科研项目是否进行分类管理，按照什么标准进行分类，项目的全流程的知识产权管理工作如何开展，重大科研项目是否配备知识产权专员。

二、立项

【标准条款7.2】

> 立项阶段的知识产权管理包括：
> a）确认科研项目委托方的知识产权要求，制定知识产权工作方案，并确保相关人员知悉；
> b）分析该科研项目所属领域的发展现状和趋势、知识产权保护状况和竞争态势，进行知识产权风险评估；
> c）根据分析结果，优化科研项目研发方向，确定知识产权策略。

【审核要点】

查看知识产权手册及相应文件的规定是否符合标准要求、内容是否完整充分、表述是否规范适宜。

询问项目组负责人如何开展科研项目立项阶段的知识产权管理工作。

抽查若干项目立项材料，查看知识产权工作方案，确认是否符合委托方的要求，如何在项目组内部得到有效的传达与沟通，询问相关人员，检查其是否了解上述要求。

查看针对该科研项目所属领域的发展现状和趋势、知识产权保护状况和竞争态势的分析，评价是否充分有效。

查看立项前是否进行知识产权风险评估，查看知识产权风险评估记录，是否根据分析结果优化研发方向，确定该项目的知识产权策略。

【案例解析】

某研究所决定在所内推行《科研组织知识产权管理规范》，于是按照标准要求梳理了研究所的规章制度，并进行丰富完善。2019年1月，知识产权管理体系正式运行，各研究中心、项目组重新梳理研发流程，按标准要求开展立项、执行、结题。

2019年11月，审核组进入该研究所进行现场审核，审核员与某项目组负责人沟通，询问项目立项情况，负责人回答，自2019年1月以来，该项目组有1个新立项项目，审核员查看了该项目的立项材料，有项目申报书、项目任务书等，其中写明了该项目的知识产权要求，针对该要求，该项目制定了相应的知识产权工作方案。审核员检索了国内外的期刊文献信息，根据上述信息分析该科研项目所属领域的发展现状和趋势。审核员问为何没有检索专利信息，分析知识产权保护状况和竞争态势，进行知识产权风险评估，负责人说期刊文献，特别是综述类文献更能清楚地说明项目的发展现状和趋势，从期刊文献上没找到类似报道就说明该研究就是全新的，不存在风险。

期刊文献信息在一定程度上能够代表该领域的发展现状和趋势，但是期刊文献并不是该领域的全部公开信息，仅通过检索期刊文献来了解技术的发展现状和趋势是不全面的。专利文献具有技术属性和法律属性，而期刊文献仅具有技术属性，不具备法律属性，所以仅检索期刊文献信息，无法进行知识产权风险评估，只有在充分检索分析该项目所属领域的知识产权保护状况和竞争态势，通过将该项目的技术方案和公开的专利文献进行对比，从而评估是否落入专利文献的保护范围，得出知识产权风险评估结论。

该所的工作不符合 GB/T 33250—2016 标准 7.2 立项 "b) 分析该科研项目所属领域的发展现状和趋势、知识产权保护状况和竞争态势，进行知识产权风险评估" 的规定。

三、执行

【标准条款7.3】

执行阶段的知识产权管理包括：

a) 搜集和分析与科研项目相关的产业市场情报及知识产权信息等资料，跟踪与监控研发活动中的知识产权动态，适时调整研发策略和知识产权策略，持续优化科研项目研发方向；

b) 定期做好研发记录，及时总结和报告研发成果；

c) 及时对研发成果进行评估和确认，明确保护方式和权益归属，适时形成知识产权；

> d）对研发成果适时进行专利挖掘，形成有效的专利布局；
> e）研发成果对外发布前，进行知识产权审查，确保发布的内容、形式和时间符合要求；
> f）根据知识产权市场化前景初步确立知识产权运营模式。

【审核要点】

查看知识产权手册及相应文件的规定是否符合标准要求、内容是否完整充分、表述是否规范适宜。

询问项目组负责人如何开展科研项目执行阶段的知识产权管理工作。如何制订研发计划，所需资源、人员分工、时段安排。

审核项目组时，抽查若干项目材料，查看是否收集和分析与科研项目相关的产业市场情报及知识产权信息等资料，跟踪与监控研发活动中的知识产权动态，适时调整研发策略和知识产权策略，持续优化科研项目研发方向。

查看科研过程中的知识产权记录文件的管理情况，是否建立机制，保证及时总结和报告研发成果；查看是否针对研发成果进行评估，检查评估记录，研发人员提出了几项知识产权申请，关注申请的内容和时间，确认是否有明确的保护方式和权利归属，检查评估记录，关注最终确认的知识产权，检查能否有效地进行专利布局，关注与知识产权申请等过程的衔接。

检查项目组成员在发布与本项目有关的信息之前，是否经过审查，查看审查记录，确保发布的内容、形式和时间符合要求。

询问项目组负责人，该项目的知识产权市场化前景是长期市场化前景，是否根据市场化前景确立知识产权运行模式，如何确立知识产权运营模式。

【案例解析1】

某研究所决定在所内推行《科研组织知识产权管理规范》，于是按照标准要求梳理了研究所的规章制度，并进行丰富完善。2019年1月，知识产权管理体系正式运行，各研究中心、项目组重新梳理研发流程，按标准要求开展立项、执行、结题。

2019年11月，审核组进入该研究所进行现场审核，审核员与某项目组负责人沟通，询问目前正在开展的研发项目情况，负责人说目前正在研发中的项目有 5 项，审核员抽查了其中 3 个项目的研发材料，其中一个项目立项时间是 2018 年 5 月，项目周期 3 年，审核员询问该项目研发过程中是否进行跟踪知识产权信息，负责人说当时立项时已进行过专利检索，未发现有知识产权风险，所以后期就按照既定方向研发，不需要再进行检索。

知识产权信息是动态更新的，研发过程中也需要动态跟踪知识产权信息的更新情况，判断是否有知识产权风险，以便适时调整研发策略和知识产权策略，持续优化科研项目研发方向。

案例解析中的研发项目从立项到现场审核时已有一年半，这期间外部知识产权信息可能已经发生了很大变化，立项时进行的知识产权检索分析并不能保证整个项目周期内都不存在知识产权侵权风险。如果不及时进行跟踪检索，等到项目研发完成，才发现别人已经申请专利，则会造成重复研究，人财物浪费，甚至发生侵权纠纷。

该所的工作不符合 GB/T 33250—2016 标准 7.3 执行"a）搜集和分析与科研项目相关的产业市场情报及知识产权信息等资料，跟踪与监控研发活动中的知识产权动态，适时调整研发策略和知识产权策略，持续优化科研项目研发方向"的规定。

【案例解析 2】

某研究所决定在所内推行《科研组织知识产权管理规范》，于是按照标准要求梳理了研究所的规章制度，并进行丰富完善。2019 年 1 月，知识产权管理体系正式运行，各研究中心、项目组重新梳理研发流程，按标准要求开展立项、执行、结题。

2019 年 12 月，审核组进入该研究所进行现场审核，审核员与某项目组负责人沟通，询问目前正在开展的研发项目情况，该项目组 2019 年有 3 项研发项目，分别为项目 A、项目 B 和项目 C。抽查项目 A：该项目于 2018 年 4 月立项并进行检索，项目周期一年，2019 年 4 月项目完成，5 月通过结题验收。审核员查看该项目的结题验收报告，审查该项目研发成果的评估报告。评估结果为：经过评估该成果达到预期要求，具有新颖性和创造性，建议及时申请专利进行保护。编制：甲；审核：乙；批准：丙；时间：2019年8月12日。截至审核当天未见该项目申请专利的记录。项目负责人解释，4月项目完成，成果产出后主要精力忙于结题验收，没有来得及对研发成果进行评估和确认，后来到8月才开展评估和确认工作，至于专利申请，其他几个项目也有专利申请计划，计划等项目结题后一起申请，比较方便。

研发成果产出后及时评估和确认，以明确保护方式和权益归属，适时形成知识产权，目的是在成果产出后，第一时间确定成果的保护方式，以便采取相应的保护，避免知识产权流失。

案例解析中该项目2019年5月结题，8月才去评估成果保护方式，并且评估完成确定申请专利保护后，直到12月都没有进行专利申请。我国专利实行申请制，如果案例解析中的情况没有及时申请专利，而有其他单位同时开展相关研究，在5~12月申请了专利，将会导致该研究所的研发成果无法获得专利保护。

该所的工作不符合GB/T 33250—2016标准7.3执行"c）及时对研发成果进行评估和确认，明确保护方式和权益归属，适时形成知识产权"的规定。

【案例解析3】

某研究所决定在所内推行《科研组织知识产权管理规范》，于是按照标准要求梳理了研究所的规章制度，并进行丰富完善。2019年1月，知识产权管理体系正式运行，各研究中心、项目组重新梳理研发流程，按标准要求开展立项、执行、结题。研究所规定接触技术创新的有关人员，在专利申请受理前，科技论文发表和技术报告公示前应遵照《保密协议》，对技术创新信息承担保密义务，实施检查和采取保护措施。

2019年12月，审核组进入该研究所进行现场审核，审核员与某项目组负责人沟通，询问目前正在开展的研发项目情况，该项目组有1项正在研发中的项目，负责人介绍说该项目正在研发中期，项目周期4年，目前是第2年，科研成果还没有产出，因此没有发表论文、申请专利。审核员查看了该项目的研发材料，但是检索发现该项目组王老师在 2019 年 4 月参加的一个同行业务交流会上发表了一篇该项目相关的论文，其中公开了该项目的部分实验数据，既没有通过知识产权管理机构对其进行不泄露未受理专利信息的检查，也未采取保护措施后再发表论文，项目负责人也表示对该论文的发表毫不知情，王老师介绍，当时只是个简单的交流会，以为信息不会对外公开。

研发成果对外发布前进行知识产权审查，目的是防止研发成果尚未采取相应的保护措施，就对外公开，导致知识产权流失。

该案例解析中，项目组王老师将部分实验数据在同行业务交流会上进行公开，并且以会议论文的形式对外发表，上述实验数据的公开未按照相应流程进行审查，这将导致公开的这部分实验数据成为公知技术，无法获得保护，对后续项目的知识产权布局、研发成果保护都造成极大的影响。

该所的工作不符合 GB/T 33250—2016 标准 7.3 执行 "e) 研发成果对外发布前，进行知识产权审查，确保发布的内容、形式和时间符合要求" 的规定。

四、结题验收

【标准条款7.4】

结题验收阶段的知识产权管理包括：

a) 分析总结知识产权完成情况，确认科研项目符合委托方要求；

b) 提交科研项目成果的知识产权清单，成果包括但不限于专利、文字作品、图形作品和模型作品、植物新品种、计算机软件、商业秘密、集成电路布图设计等；

c) 整理科研项目知识产权成果并归档；

d) 开展科研项目产出知识产权的分析，提出知识产权维护、开发、运营的方案建议。

【审核要点】

查看知识产权手册及相应文件的规定是否符合标准要求、内容是否完整充分、表述是否规范适宜。

询问项目组负责人如何开展科研项目结题阶段的知识产权管理工作。

询问项目组负责人结题项目的数量，然后抽查若干项目材料，查看是否确认科研项目符合委托方要求；查看科研项目成果的知识产权清单，是否包括但不限于专利、文字作品、图形作品和模型作品、植物新品种、计算机软件、商业秘密、集成电路布图设计等。

现场查看科研项目知识产权成果档案的管理情况，是否完整、可追溯。

抽查若干份科研项目知识产权评价报告，检查是否具有知识产权维护、开发、运营的建议。

第五节 知识产权运用

一、评估与分级管理

【标准条款8.1】

> 评估与分级管理中应满足以下要求：
> a) 构建知识产权价值评估体系和分级管理机制，建立知识产权权属放弃程序；
> b) 建立国家科研项目知识产权处置流程，使其符合国家相关法律法规的要求；
> c) 组成评估专家组，定期从法律、技术、市场维度对知识产权进行价值评估和分级；
> d) 对于有产业化前景的知识产权，建立转化策略，适时启动转化程序，需要二次开发的，应保护二次开发的技术成果，适时形成知识产权；
> e) 评估知识产权转移转化过程中的风险，综合考虑投资主体、共同权利人的利益；

> f) 建立知识产权转化后发明人、知识产权管理和转化人员的激励方案;
>
> g) 科研组织在对科研项目知识产权进行后续管理时，可邀请项目组选派代表参与。

【审核要点】

查看知识产权手册及分级管理等相应文件的规定是否符合标准要求、内容是否完整充分、表述是否规范适宜。

根据相应文件，询问知识产权管理机构负责人如何开展知识产权评估与分级的管理工作，检查是否按照规定执行。

查看知识产权分级清单，询问负责人如何进行分级，并抽查若干项高等级知识产权的分级管理记录，检查是否定期从法律、技术、市场维度进行了价值分析评估和分级工作，检查工作的有效性，并记录专家组的名称。

查看是否建立知识产权权属放弃程序。体系建立以来，如有放弃的记录，抽查若干项放弃记录，判断是否符合知识产权权属放弃程序的规定。

查看是否建立国家科研项目知识产权处置流程，抽查若干项记录，检查是否按照规定执行。

询问如何转化有产业化前景的知识产权，抽查若干项转移转化项目的材料，并检查是否按照转化程序规定执行，是否评估知识产权转移转化过程中的风险，并综合考虑投资主体、共同权利人的利益；询问如何对发明人、知识产权管理和转化人员进行激励，抽查激励的相关记录。

询问是否要求项目组代表参与科研项目知识产权的后续管理。

抽查若干项科研成果评价分析报告和转产报告记录，是否涵盖以上要求。

【案例解析】

某研究所决定在所内推行《科研组织知识产权管理规范》，于是按照标准要求梳理了研究所的规章制度，并进行丰富完善，建立知识产权价值评估体系、分级管理机制和知识产权权属放弃程序。2019年1月，知识产权管理体系正式运行。

2019年12月，审核组进入该研究所进行现场审核，审核员与科研处负责人沟通，了解如何对知识产权进行评估和分级，以及知识产权权属放弃程序是如何开展的，科研处负责人说体系运行之初虽然建立了知识产权价值评估体系、分级管理机制和知识产权权属放弃程序，其中规定由科研处和研究中心共同负责知识产权价值评估和分级管理工作，但是后续开展过程中因难度过大，所以价值评估和分级工作一直没有开展。一方面研究所有800余项专利，数量太大，评估工作量很大；另一方面各个研究中心都认为自己的专利很重要，不愿意把自己的专利评为低级别。对于知识产权权属放弃，该研究所都没有考虑过，因为所有的知识产权都是国有资产，如果擅自放弃会造成国有资产流失。

构建知识产权价值评估体系和分级管理机制的目的是更好地对知识产权进行管理，为知识产权实施、运营创造条件。

案例解析中，该研究所虽然建立了知识产权价值评估体系、分级管理机制和知识产权权属放弃程序，但是没有实际执行，对于知识产权价值评估和分级管理，并不能仅靠评价人员主观判断，而是应该建立一系列客观的评价体系，通过对应指标的考核，得出每项知识产权的价值，然后根据知识产权价值合理设置级别，并针对不同级别的知识产权采取不同的管理模式。

该所的工作不符合GB/T 33250—2016标准8.1评估与分级管理"a）构建知识产权价值评估体系和分级管理机制，建立知识产权权属放弃程序"的规定。

二、实施和运营

【标准条款8.2】

实施和运营过程中应满足以下要求： a）制定知识产权实施和运营策略与规划； b）建立知识产权实施和运营控制流程； c）明确权利人、发明人和运营主体间的收益关系。

第四章 《科研组织知识产权管理规范》审核要点

【审核要点】

查看知识产权手册及相应文件的规定是否符合标准要求、内容是否完整充分、表述是否规范适宜。

询问知识产权管理机构负责人如何开展知识产权实施和运营的管理工作，检查是否按照知识产权实施和运营控制流程执行。

抽查若干项知识产权实施和运营的项目材料，查看知识产权实施和运营策略和规划，是否明确了权利人、发明人和运营主体间的收益关系。

【案例解析】

某研究所决定在所内推行《科研组织知识产权管理规范》，于是按照标准要求梳理了研究所的规章制度，并进行丰富完善。2019年1月，知识产权管理体系正式运行。

2019年12月，审核组进入该研究所进行现场审核，审核员向科研处负责人了解知识产权实施和运营情况，负责人介绍说：该所自2001年以来很重视知识产权工作，取得各种专利几百项，也获得不少专项奖金。审核员查阅"知识产权台账"时发现，台账上仅有专利的名称和获取时间，询问是否只有一份，负责人回答："是的，所有知识产权均在这份台账上。"审核员指着一份2017年授权的专利问："这一专利实施没有？实施情况如何？"负责人回答："这是当年为完成上级下达的专利年度申请任务而申请的专利，事后没有实施，也从未有人过问，还有很多项目组申请的专利也都没有实施，无人问津，但是按研究所的程序我们负责每年缴费维护。"

知识产权保护和管理的主要目的是开展实施和运营，因此作为科研组织进行知识产权管理，也要以知识产权实施和运营为目的，制订相应的知识产权实施和运营策略与规划。

案例解析中，该研究所申请了几百项专利，但是很多专利都没有实施，也没有制定知识产权实施和运营策略与规划，然而每年都要按时缴费维护，这种管理没有发挥知识产权应有的价值，属于浪费资源。

该所的工作不符合GB/T 33250—2016标准8.2实施和运营"a）制定知识产权实施和运营策略与规划"的规定。

三、许可和转让

【标准条款8.3】

> 许可和转让过程中应满足以下要求：
> a）许可和转让前进行知识产权尽职调查，确保相关知识产权的有效性；
> b）知识产权许可和转让应签订书面合同，明确双方的权利和义务，其中许可合同应当明确规定许可方式、范围、期限等；
> c）监控许可和转让流程，预防与控制许可和转让风险，包括合同的签署、备案、执行、变更、中止与终止，以及知识产权权属的变更等。

【审核要点】

查看知识产权手册及相应文件的规定是否符合标准要求、内容是否完整充分、表述是否规范适宜。

询问知识产权管理机构负责人如何开展知识产权许可或转让的管理工作，检查是否按照规定执行。

检查体系运行期间知识产权许可和转化情况清单，并结合公开数据库的检索对上述清单情况进行验证，并抽查若干项知识产权的许可或转让事项，查看事前的知识产权法律状态及权利归属确认记录，重点关注时间节点，并与公开数据库的信息进行比对验证，查看是否进行知识产权尽职调查。

查看许可或转让书面合同清单，查看是否均签订了书面合同，查看合同是否明确权利义务，是否明确规定许可方式、范围、期限等。

询问如何监控许可或转让过程，如何预防与控制交易风险，抽查若干个许可或转让活动的监控记录，查看记录的管理情况，根据文件规定，评价受审核人员监控工作的有效性。

【案例解析】

某研究所决定在所内推行《科研组织知识产权管理规范》，于是按照标准要求梳理了研究所的规章制度，并进行丰富完善。2019年1月，知识产权管理体系正式运行。

2019年12月，审核组进入该研究所进行现场审核，审核员向科研处负责人了解知识产权许可转让情况，负责人介绍说："我们所主要从事基础研究，应用类研究比较少，所以知识产权许可和转让基本没有。"审核员发现，2019年5月，该研究所转让了5项发明专利给山东某企业，负责人介绍："那5项专利是某个项目组的，申请好多年了，一直也没有使用，放在那里也没有什么价值，每年还要交年费维持，后来山东这个企业主动联系说希望购买这5项专利，经过双方讨价还价，就以25万元的价格进行转让，双方签订了转让合同。"审核员问转让前是否对知识产权进行尽职调查，负责人回答："这只是单纯买卖专利，不涉及技术的转让，因此没有进行调查。"

许可和转让是目前知识产权运营的主要方式，知识产权许可转让是实现知识产权价值的重要途径，能够为专利拥有人带来可观的收益。科研组织应树立知识产权就是财富的理念，注重对知识产权的价值化实现。

案例解析中，该研究所5项专利转让价格25万元，转让前没有对知识产权进行尽职调查，因此上述专利价值的确定是不准确的，在没有充分确定知识产权价值的情况下，贸然进行知识产权转让，可能会造成知识产权流失，给研究所造成无形资产的损失。

该所的工作不符合 GB/T 33250—2016 标准 8.3 许可和转让"a）许可和转让前进行知识产权尽职调查，确保相关知识产权的有效性"的规定。

四、作价投资

【标准条款8.4】

作价投资过程中应满足以下要求：

a）调查技术需求方以及合作方的经济实力、管理水平、所处行业、生产能力、技术能力、营销能力等；

b）根据需要选择有资质的第三方进行知识产权价值评估；

c）签订书面合同，明确受益方式和比例。

【审核要点】

查看知识产权手册及相应文件的规定是否符合标准要求、内容是否完整充分、表述是否规范适宜。

询问知识产权管理机构负责人如何开展利用知识产权作价投资的管理工作，检查是否按照规定执行。

抽查若干项体系运行期间利用知识产权作价投资的情况，检查针对项目合作方的调查记录、知识产权价值评估记录，查看是否明确受益方式和分配比例。查看相关调查评价报告和合同，是否充分有效。

第六节　知识产权保护

【标准条款9】

> 应做好知识产权保护工作，防止被侵权和知识产权流失：
>
> a）规范科研组织的名称、标志、徽章、域名及服务标记的使用，需要商标保护的及时申请注册；
>
> b）规范著作权的使用和管理，建立在核心期刊上发表学术论文的统计工作机制，明确员工和学生在发表论文时标注主要参考文献、利用国家重大科研基础设施和大型科研仪器情况的要求；
>
> c）加强未披露的信息专有权的保密管理，规定涉密信息的保密等级、期限和传递、保存及销毁的要求，明确涉密人员、设备、区域；
>
> d）明确职务发明创造、委托开发、合作开发以及参与知识产权联盟、协同创新组织等情况下的知识产权归属、许可及利益分配、后续改进的权属等事项；
>
> e）建立知识产权纠纷应对机制，制定有效的风险规避方案：及时发现和监控知识产权风险，避免侵犯他人知识产权；及时跟踪和调查相关知识产权被侵权的情况，适时通过行政和司法途径主动维权，有效保护自身知识产权。

第四章 《科研组织知识产权管理规范》审核要点

【审核要点】

查看知识产权手册及相应文件的规定是否符合国标要求、内容是否完整充分、表述是否规范适宜。

询问知识产权管理机构负责人如何管理科研组织的名称、标志、徽章、域名及服务标记的使用，是否符合内部制度的规定，询问是否注册了商标。

查看核心期刊上发表学术论文的管理情况，是否按照规定执行；检查员工和学生在发表论文时标注主要参考文献、利用国家重大科研基础设施和大型科研仪器情况的要求是否明确，查看实际执行情况。

询问如何进行保密管理。明确哪些设备属于涉密设备，哪些是涉密区域，涉密人员如何确定；涉密信息的保密等级如何确定、期限和传递、保存及销毁有何要求。

在相应项目组现场抽样检查，例如，研发人员、知识产权工作人员的电脑，勘察特殊生产设备等的使用情况，检查是否按照规定使用，使用人员和方式是否符合要求，使用记录是否完整。根据专业知识，可以对涉密设备的种类提出质疑。重点关注相关设备的使用人员、方式等信息。

现场查看涉密区域的管理是否符合保密程序要求，现场有无保密提示，客户或参访人员是否有明确的活动范围，人员进出限制、登记情况。重点关注现场的情况，如门禁管理情况、涉密区域提示等。

现场勘查涉密信息的管理是否符合规定要求。该条款建议在各个部门作为公共条款进行审核。

询问如何明确职务发明创造、委托开发、合作开发以及参与知识产权联盟、协同创新组织等情况下的知识产权归属、许可及利益分配、后续改进的权属等事项，查看相应证明文件与记录。

询问知识产权管理机构负责人有哪些知识产权风险，评价充分性和适宜性，是否建立知识产权纠纷应对机制。询问如何监控风险，并如何确保及时发现，查看风险规避方案，查看相关记录，评价监控工作的有效性。

询问组织采取了哪些措施，确保及时发现和监控知识产权被侵权的情况。根据知识产权的具体情况，重点关注这些措施是否充分和有效。审核员可通过外网数据库核实有无争议事项，以及未要求保护的理由等。

询问其在处理知识产权纠纷（被告或原告）时，是否评估了诉讼、仲裁、和解等不同处理方式的影响。

【案例解析 1】

某研究所决定在所内推行《科研组织知识产权管理规范》，于是按照标准要求梳理了研究所的规章制度，并进行丰富完善。2019 年 1 月，知识产权管理体系正式运行。

2019 年 12 月，审核组进入该研究所进行现场审核，审核组在某实验室现场审核，发现几台大型分析仪器配备的电脑没有设置管理密码，任何研究人员都可以在同一账户下操作，实验室出入也没有人员限制。审核组询问设备管理负责人，负责人回答："实验员都是我们这里的正式职工，都是受过高等教育的，不会有什么问题。"

科研组织保密工作非常重要，因为科研组织中涉及很多科研秘密，只有对涉密信息、涉密设备、涉密人员、涉密区域进行管控，才能防止商业秘密泄露。

案例解析中，该研究所对实验室的电脑没有设置密码，任何人都可以登录，并且实验室没有限制，外来人员可以随便出入，如果有外部人员进入，可以从电脑中拷贝实验数据，造成科研信息泄露。对于涉密人员的管理，也不能靠人员教育水平、个人素质等来管理，应该设定涉密人员的级别和接触权限进行管控。

该所的工作不符合 GB/T 33250—2016 标准 9 知识产权保护"c）加强未披露的信息专有权的保密管理，规定涉密信息的保密等级、期限和传递、保存及销毁的要求，明确涉密人员、设备、区域"的规定。

【案例解析 2】

A 研究所决定在所内推行《科研组织知识产权管理规范》，于是按照标准要求梳理了研究所的规章制度，并进行丰富完善。2019 年 1 月，知识产权管理体系正式运行。

2019 年 12 月，审核组进入该研究所进行现场审核，审核组发现研究所对面有家公司，名称为 A 研究所信息科技有限公司，并且还带有 A 研究所的注册商标，现场审核时，审核员问科研处负责人，该公司是否是研究所的第三产业，负责人回答不是。这家公司的法人原来在研究所工作，后来离职开了这家公司，在外总是打着研究所的名义承揽业务，但是碍于其法人与研究所的人都比较熟，所以大家都睁一只眼闭一只眼。

科研组织拥有很多知识产权，应该做好知识产权保护工作，防止被侵权和知识产权流失，并提供应对知识产权纠纷的途径。

A 研究所信息科技有限公司起名字"傍名牌"，并且承揽业务时还打着 A 研究所的名义，对外宣传使用 A 研究所的注册商标，该研究所明知其侵犯研究所的商标权，但是没有采取维权行为。如果后续 A 研究所信息科技有限公司有不法行为，会给 A 研究所带来不良影响。

该所的工作不符合 GB/T 33250—2016 标准 9 知识产权保护"e）建立知识产权纠纷应对机制，制定有效的风险规避方案；及时发现和监控知识产权风险，避免侵犯他人知识产权；及时跟踪和调查相关知识产权被侵权的情况，适时通过行政和司法途径主动维权，有效保护自身知识产权"的规定。

第七节　资源保障

一、条件保障

【标准条款 10.1】

> 根据需要配备相关资源，支持知识产权管理体系的运行，包括：
> a）软硬件设备，如知识产权管理软件、计算机和网络设施等；
> b）办公场所。

【审核要点】

查看知识产权手册及相应文件的规定是否符合标准要求、内容是否完整充分、表述是否规范适宜。

询问知识产权管理机构负责人需要哪些资源保障，是否已经满足需求。

查看知识产权管理信息化系统的建立情况，查看相应合同、现场试用相应系统，检查系统能否满足组织需要。

查看软硬件设备清单、设备维护记录、固定资产清单等，查看设备设施的维护情况。

现场查看办公场所、计算机、打印机等办公设备设施的配备及使用维护情况，配备是否充分，运行状态是否良好，数据库维护情况等，再查看办公场所是否满足要求。

二、财务保障

【标准条款 10.2】

> 设立经常性预算费用，用于：
> a) 知识产权申请、注册、登记、维持；
> b) 知识产权检索、分析、评估、运营、诉讼；
> c) 知识产权管理机构、服务支撑机构运行；
> d) 知识产权管理信息化；
> e) 知识产权信息资源；
> f) 知识产权激励；
> g) 知识产权培训；
> h) 其他知识产权工作。

【审核要点】

查看知识产权手册及相应文件的规定是否符合标准要求、内容是否完整充分、表述是否规范适宜。

在财务部门查看组织的经常性预算，查看是否建立了知识产权方面的年度预算，预算情况如何，领导是否正式审批签字，审批流程、层级是否符合相应要求。

查看财务部经费使用情况，有无用于条款 a—h 等事项的报销凭证、票据等记录。

【案例解析】

A 研究所决定在所内推行《科研组织知识产权管理规范》，于是按照标准要求梳理了研究所的规章制度，并进行丰富完善。2018 年 1 月，知识产权管理体系正式运行。

2019 年 12 月，审核组进入该研究所进行现场审核，审核员在审核中发现，该研究所制定的知识产权奖励制度规定，专利授权后奖励发明人 5000 元，在授权后 3 个月内进行奖励，但是审核员发现 2019 年以来还没有发放专利授权奖励，经了解，2019 年授权专利有 85 项，询问相关部门负责人为何没有发专利授权奖励，负责人解释，2019 年年初进行知识产权费用预算时，忘记预算知识产权激励费用了，所以这笔费用无法支出，只能等 2020 年一并进行奖励。

知识产权经常性预算费用是科研组织开展知识产权工作的基础和支撑，只有预算充分，在工作开展过程中，才能有效、顺畅执行。

案例解析中，该研究所由于工作失误，在 2019 年年初进行知识产权费用预算时，漏掉了知识产权激励费用预算，导致知识产权激励费用无法按时发放，这样没有按照规章制度发放相应的激励，会打击发明创造人员的积极性，也会增加知识产权管理体系推进的难度，不利于工作开展。

该所的工作不符合 GB/T 33250—2016 标准 10.2 财务保障"设立经常性预算费用，用于：……f) 知识产权激励"的规定。

第八节 检查和改进

一、检查监督

【标准条款 11.1】

> 定期开展检查监督，根据监督检查的结果，对照知识产权方针、目标，制定和落实改进措施，确保知识产权管理体系的适宜性和有效性。

【审核要点】

查看知识产权手册及相应文件的规定是否符合标准要求、内容是否完整充分、表述是否规范适宜。

询问知识产权管理机构负责人如何策划定期开展检查监督工作，并确保知识产权管理活动的有效性，了解检查监督的频次、组织安排和执行情况，判断是否符合科研组织的需要。

审核员在现场检查最近一次检查监督的记录，判断检查监督工作是否充分、有效，满足持续改进的需要。

二、评审改进

【标准条款 11.2】

> 最高管理者应定期评审知识产权管理体系的适宜性和有效性，制定和落实改进措施，确保与科研组织的战略方向一致。

【审核要点】

查看知识产权手册及相应文件的规定是否符合标准要求、内容是否完整充分、表述是否规范适宜。

询问最高管理者及知识产权管理机构负责人如何定期评审知识产权管理体系的适宜性和有效性，了解评审的频次、组织安排和执行情况，判断是否符合科研组织的需要。

审核员在现场检查最近一次评审的记录，查看最高管理者是否参与评审改进活动，判断评审改进是否充分、有效，满足持续改进的需要。

第五章　科研组织知识产权管理体系建设良好案例

自 2018 年以来，经过国家知识产权局和中国科学院共同推进，中国科学院正式启动科研组织知识产权管理贯标工作，确定了首批 32 家贯标试点单位，其中包括 14 家特色研究所、10 家参与中科院促进科技成果转移转化弘光专项的研究所以及主动自愿申报的 8 家研究所。经过体系建立、试运行等阶段，截至 2020 年 1 月，共有 12 家中科院系统的科研组织申请了《科研组织知识产权管理规范》知识产权管理体系认证，并获得 IPMS 认证证书。

这些科研院所以社会需求牵引开展科研工作，均以基础研究和应用基础研究为主，但具有不同的学科方向和科研活动特点，也形成了不同的科研组织模式和管理体制。在开展《科研组织知识产权管理规范》知识产权管理体系贯标与认证过程中，这些研究所结合多年来逐渐形成的知识产权管理经验，探索出与自身发展相适宜的知识产权管理体系。现以 6 家研究所为例，介绍科研组织知识产权体系贯标与认证的经验。

第一节 加强科技创新源头保护、体系覆盖科研活动全范围、促进知识产权价值实现、提升研究所竞争力
——中国科学院天津工业生物技术研究所知识产权管理体系建设案例

一、单位简介

中国科学院天津工业生物技术研究所（以下简称天津工业生物所）是由中国科学院和天津市人民政府共建、从事生物技术创新推动工业领域生态发展的科研机构，2012年3月获中央机构编制委员会批准成立，2012年11月29日通过验收，正式成为中国科学院序列研究所。

天津工业生物所肩负着建立我国工业生物技术创新体系、促进工业绿色升级的历史使命，其战略定位是：面向国民经济主战场，以新生物学为基础，以"人工生物"设计创建为核心，发展生命科学，创新生物技术，引领我国工业生物科技进步，构建工业经济发展的生态路线，打通科技创新价值链，服务于社会经济可持续发展。天津工业生物所以天津市及我国社会经济发展的重大需求为目标，围绕"以可再生碳资源替代化石资源、以清洁生物加工方式替代传统化学加工方式、以现代生物技术提升产业水平"的三大战略主题，重点开展"工业蛋白质科学与生物催化工程、合成生物学与微生物制造工程、生物系统与生物工艺工程"三个领域方向的基础研究和应用基础研究，发展新生物学指导下的工业蛋白质科学、工业系统生物学、工业合成生物学、工业发酵科学等学科体系，构建"科学研究、技术创新、产业培育、研究生教育"四位一体的发展模式，实行"研究组—总体研究部—平台实验室"三维科技管理机制，实现"出成果、出人才、出思想"的战略使命。

天津工业生物所建有工业酶国家工程实验室、中国科学院系统微生物工程重点实验室、天津市工业生物系统与过程工程重点实验室、天津市生物催化技术工程中心等创新平台，建有高通量筛选平台、系统生物技术平台、发酵过程优化与中试平台、工业酶研究平台、合成生物技术平台等先进的技术装备体系，建有国家级国际科技合作基地及天津市国际科技合作基地，正在建设天津市工业生物产业技术研究院。2019年11月，由中国科学院与天津市政府共建，天津工业生物所牵头建设的"国家合成生物技术创新中心"获得科技部批复。

截至2019年年底，天津工业生物所共有研发队伍589人，其中在职职工288人，研究生301人，研究员85%来自海外。该所承担各类科研项目600余项，在生物医药、化工产业、纺织、发酵等领域与20多个省市近200家企业以技术许可、技术转让、技术开发等多种模式达成合作，涉及企业合作项目和转移转化成果近300项，专利有效实施转化率为33%。该所已获得中国科学院科技促进发展奖——科技贡献集体奖，中国粮油学会科学技术奖特等奖，中国石油和化学工业联合会技术发明奖一等奖、科技进步奖二等奖，中国轻工业联合会技术进步奖一等奖、技术发明奖一等奖，中国科技产业化促进会科学技术奖科技创新奖一等奖，中华预防医学会科学技术奖一等奖，天津市自然科学奖二等奖，天津市科技进步奖二等奖、三等奖，中国产学研合作创新成果奖、合作创新奖、产学研合作促进奖，海洋工程科学技术奖二等奖，滨海新区技术发明奖等奖励。

依托研究所建设的中国科学院天津产业技术创新与育成中心，作为中科院服务天津市战略布局的"桥头堡"，始终将中科院的优势科技资源和天津的实际需求相结合，努力打造"立足滨海新区、服务天津、辐射环渤海"的成果转化、产业孵化和创新企业培育基地。由天津工业生物所牵头组织的"工业酶产业技术创新战略联盟"已经获科技部批准成为国家产业技术创新战略试点联盟。依托研究所建设的BIOINN生物制造众创空间获科技部认定为"生物技术国家专业化众创空间"。

天津工业生物所坐落在环境优美的天津滨海新区空港经济区，一期建设已经形成4.3万平方米的科研大楼与占地60亩的科技园区。研究所将积极完善科研条件，不断提升科技创新能力和转化能力，以生物技术推动农业工业化、工业绿色化、产业国际化，把研究所建设成在工业生物技术领域具有强大国际竞争力和重要影响力的、特色鲜明、不可替代的现代化研究所，努力在贯彻国家创新驱动战略、国家创新体系建设中发挥重要作用。

二、贯标背景

当今世界，知识产权已经成为国家发展的重要战略资源，知识产权的拥有数量和对知识产权的创造、运用、保护和管理能力已经成为衡量一个国家经济、科技实力的核心因素。❶ 随着经济全球化的趋势不断加强、国家创新驱动发展战略不断深入实施，知识产权在创新驱动发展以及参与国际竞争中的作用日益凸显。天津工业生物所肩负着建立我国工业生物技术创新体系、促进工业绿色升级的历史使命。建所以来，该所一直秉承"技术立所、应用立所"的理念，高度重视知识产权创造与运用。随着研究所的建设和发展，天津工业生物所越来越认识到建立知识产权管理和运营体系的重要性和紧迫性。

（1）建立知识产权管理体系是天津工业生物所当前发展阶段的当务之急。当前，全球新一轮科技革命和产业变革加快兴起，各经济强国纷纷将生物制造列为国家战略重点，加紧在生物制造产业的科技布局，抢占科技制高点。我国生物制造产业规模全球第一，广泛影响国计民生，工业菌种作为生物制造产业的核心技术，其关键知识产权被国外垄断，严重限制了我国生物制造产业的发展。工业菌种创制是天津工业生物所的重点科技方向，抓住新一轮科技革命和产业变革的重大机遇，加紧科技攻关和知识产权前瞻性布局，突破知识产权壁垒，尽快形成拥有自主知识产权的工业菌种，对于我国生物制造产业发展至关重要。为此，天津工业生物所亟须建立知识产权管理体系，有效实施专利战略布局，在工业菌种创制上形成重

---

❶ 吴汉东. 实施知识产权战略实现创新驱动发展［N］. 中国知识产权报，2013-01-08（8）.

点突围，加强对工业菌种等生物制造领域的技术控制力和竞争力。

（2）建立知识产权管理体系是天津工业生物所不断提升核心竞争力的迫切之需。合成生物技术与产业发展已经成为国际竞争新赛场，2019年11月，科技部正式批复由天津工业生物所牵头建设"国家合成生物技术创新中心"，在新赛场建设之初，抢占全球生物产业技术创新制高点、保障国家长远发展和产业安全。知识产权作为参与国际竞争的核心要素，各创新主体迫切需要在合成生物技术领域加强知识产权数量的积累与质量的提升，引领和支撑产业创新发展，在合成生物领域形成竞争优势。因此，天津工业生物所亟须建立知识产权管理体系，打通从知识产权设计、产出、转化到应用的创新价值链，掌握未来生物合成经济发展的主动权。

（3）建立知识产权管理体系是天津工业生物所历史发展的必然选择。随着科学技术的不断进步与人类社会的不断发展，人们越来越重视对智力劳动成果的保护，为了保护创新、激励创新，促进技术创新成果的应用，知识产权制度应运而生。天津工业生物所作为专门从事生物技术创新的科研机构，是国家生物技术创新体系科技成果产出的主要源头。随着天津工业生物所创新能力不断提升，自主研发成果不断涌现，大量科技成果实现产业化的同时，为保护知识产权合法权益，激发科研人员创新热情，促进知识产权价值实现，使天津工业生物所永葆创新活力，加强知识产权管理，建立知识产权管理体系是天津工业生物所发展的必然选择。

总的来讲，建立一套系统、科学、规范且符合研究所战略定位和发展目标的知识产权管理体系是天津工业生物所的当务之急、迫切之需和必然选择，这不仅有利于提高天津工业生物所的科技创新能力，促进科技成果转移转化，还有利于提升天津工业生物所的核心竞争力，促进天津工业生物所不断创新发展。2018年伊始，根据中国科学院关于贯彻《科研组织知识产权管理规范》（GB/T 33250—2016）国家标准有关工作的部署，天津工业生物所结合自身发展的需求和前期工作基础主动提交了开展贯标工作的申请，并于2018年7月正式被列为全院32家首批开展贯标工作单位之一，为天津工业生物所推动知识产权管理体系建立创造了有利条件。

三、体系建立

按照中国科学院关于启动《科研组织知识产权管理规范》贯标工作的总体部署与整体安排，2018年11月24日，天津工业生物所召开了"贯标"工作启动会，全体所领导班子成员、各职能处室负责人以及科研部门负责人出席参加。在启动会上，马延和所长向全体参会人员强调了"贯标"工作的意义与重要性，要求各部门全力配合，以"贯标"工作为契机，健全完善知识产权管理体系，确保体系建设符合研究所战略定位和"一三五"发展目标，有效支撑科技创新与成果转化，提升研究所核心竞争力。同时，任命孙际宾副所长作为管理者代表加强组织领导，总体部署"贯标"工作，统筹推进"贯标"工作的开展，确保资源配备，顺利完成"贯标"任务。

天津工业生物所以习近平新时代中国特色社会主义思想为指导，深入贯彻党的十九大和十九届二中、三中、四中全会以及中央经济工作会议精神，按照《科研组织知识产权管理规范》国家标准的要求，遵循体系建设规律，按照"计划（P）—实施（D）—检查（C）—行动（A）"原则，科学策划知识产权管理体系的建设，制定知识产权工作方针与目标，确保知识产权工作与天津工业生物所战略定位和"一三五"发展目标相一致；成立贯标领导小组、协调小组和工作小组，确保"贯标"工作高效开展，"贯标"各阶段任务顺利完成；设立专门知识产权管理机构，确保知识产权管理体系有效运行和持续优化。

天津工业生物所结合所情，从实际出发，对照《科研组织知识产权管理规范》国家标准的要求，从筹备启动、诊断调查、框架构建到文件编写，历时5个多月，初步完成超标准、高标准的知识产权管理体系建设工作。（1）在筹备启动阶段，制定了详细的《贯标工作计划》，明确时间节点、工作内容以及工作成果、责任部门和具体责任人，为贯标工作高效有序开展奠定了良好的基础。（2）在调查诊断阶段，全方面、多角度调查知识产权管理现状，内容涉及组织机构设置、制度建设、内部流程控制、执行落实等方面，调查方式包括设计问卷调查、现场调查、内部自查反馈等形式。同时，"对标"诊断当前知识产权管理现状存在的问题与漏洞，根据调查诊断结果，制定《贯标实施方案》，确保在未来体系构建过程中能够有效弥补漏洞、消除问题。（3）在框架构建阶段，围绕制定的知识产权工作方针与中长期目标，优化资源配置，确定组织构架，明确职责分配、权责划分清晰，知识产权管理体系覆盖部门各司其职，有效联动，确保知识产权管理体系能够有效运行。（4）在文件编写阶段，按照方针目标、管理手册、制度及程序文件、管理活动记录文件四种类型，区分知识产权管理体系文件层级，由最高管理者负责组织工作方针和目标的制定，明确一切知识产权工作宗旨和方向，管理者代表负责组织管理手册的制定，为一切知识产权工作提供指南和索引，各体系覆盖部门负责职责范围内的制度及程序文件的制定或修改以及管理活动记录文件的形成与保管，成为全部知识产权管理活动的依据和证明。

为了提升天津工业生物所知识产权管理体系的建设能力和自我提升能力，培养知识产权管理体系内审员，加强知识产权专业人才队伍建设，提高全所人员知识产权保护和风险意识，天津工业生物所在知识产权管理体系建设的同时，加紧开展对各类人员的知识产权培训。在建设初期，委托中国科学院知识产权研究与培训中心开展了为期3天的"知识产权管理体系内审员"培训班，培养知识产权管理体系内审员共45人。在建设中期，针对中高层管理人员、科研人员、知识产权专员及学生的不同需求开展了4期知识产权专题培训和1期知识产权专员上岗培训，确保各类人员能够顺利有效地完成知识产权管理体系要求的各类知识产权工作。在建设后期，面向全体人员包括所领导班子成员、管理部门全体成员、科研部门全体成员以及各类学生开展了2期知识产权管理体系宣讲培训，确保其充分了解知识产权管理体系的建设初衷与要求，使知识产权管理体系要求能够得到有效贯彻实施。

从天津工业生物所知识产权管理体系的建设经验来看，主要包括五个重要的建设环节。其一，最高管理者亲自部署并授权管理者代表统筹推进，确保资源配备。其二，从所情出发，重视调查诊断环节，管理者代表亲自牵头开展框架构建工作，确保体系建设符合研究所战略定位和发展目标。其三，设立专门知识产权管理机构，集中负责知识产权管理工作，确保体系持续稳定实施。其四，加强知识产权人才队伍建设，确保科研项目全过程知识产权工作有效落实。其五，重视知识产权管理体系的宣讲，确保体系覆盖的全部人员熟悉知识产权管理体系的构建和要求，理解其在体系中的权利、义务与职责，确保知识产权管理体系的有效运行。

四、体系实施与持续改进

2019年6月10日，该所最高管理者马延和所长亲自颁布了《中国科学院天津工业生物所知识产权管理手册》并自颁布之日起生效，这标志着天津工业生物所知识产权管理体系按照《科研组织知识产权管理规范》国家标准的要求正式实施运行。（1）在基础管理方面，围绕人、科研设施、合同以及信息的管理，以加强知识产权风险防控为管理目标，弥补知识产权管理漏洞，完善知识产权管理环节，做到有明确的责任部门，有明确的管理要求，形成有效的管理记录。（2）在科研项目管理方面，以加强知识产权创造，提升知识产权价值为管理目标，全面实施以知识产权为核心的全过程管理，覆盖天津工业生物所全部学科领域方向，围绕科研项目实施分级管理，建立了一系列知识产权工作机制，包括专利导航工作机制、发明披露申报机制、专利质量控制工作机制以及知识产权专员工作机制等。（3）在知识产权运用管理方面，以实现知识产权价值，防范知识产权运营风险为管理目标，规范知识产权运营流程，从评估分级管理、制定运营策略与激励方案、开展尽职调查到运营合同的签订与履行。（4）在知识产权保护方面，以产权清晰、全面保护为管理目标，加强对商标、著作权、技术秘密以及共有知识产权的管理，建立知识产权纠纷应对机制，有效保护知识产权相关权益。

天津工业生物所以"加强保护、促进转化、激励创新、引领未来"作为一切知识产权工作的方针，初步形成了一核心、双循环、全方位的知识产权管理体系，即以知识产权创造、运用、管理与保护为核心；在科技布局和科研项目两个维度双循环管理，知识产权管理机构在科技布局层面加强知识产权集中统一管理，开展产业专利导航，培育高价值专利集群，形成有效布局，实现知识产权价值，与各项目组知识产权专员形成纵向管理与业务指导关系；知识产权专员在科研项目层面加强科研项目全过程知识产权管理，开展专利微导航，为项目研发提供决策依据，与项目研发团队形成横向管理与业务支撑关系；知识产权管理体系各责任部门在人力资源、科研设施、信息、合同等方面全方位加强知识产权风险防控的管理体系。

为确保知识产权管理体系有效实施，在体系运行一个月后，天津工业生物所知识产权管理体系内审员全面检查了知识产权管理体系覆盖的各个部门、各个环节的运行情况，加强对各责任部门的监督与指导，要求严格按照管理体系的要求实施管理，确保落实到位。为了确保知识产权管理体系的适宜性和有效性，体系运行两个月后，天津工业生物所组织开展了知识产权管理体系内部评审与管理者评审工作，制订内部审核计划，"对标"审核体系建设的全面性、适宜性以及运行过程的有效性，根据审核结果制订整改计划与方案，要求各责任部门及时整改。由管理者代表向最高管理者汇报内审结果与整改情况，并对知识产权方针和目标进行评议，确保符合研究所战略定位与发展目标。体系运行三个月后，天津工业生物所委托中知（北京）认证有限公司依据《科研组织知识产权管理规范》国家标准开展现场审核，最终圆满通过外部审核认证并获得《知识产权管理体系认证证书》，成为京津冀首家、中国科学院第三家顺利通过贯彻《科研组织知识产权管理规范》国家标准认证的科研机构。

从天津工业生物所知识产权管理体系的实施与持续改进的经验来看，主要包括三个方面的重要工作。首先，应重视定期的检查监督工作，知识产权管理体系内审员通过开展检查监督工作不仅能够在体系实施运行过程中及时发现问题，还能进一步向相关人员明确知识产权管理体系的要求。其次，应重视评审与改进工作，建立最高管理层对知识产权管理体系实施的评审工作机制，从知识产权管理体系的适宜性和有效性层面开展评价和审核工作，及时发现问题并敦促整改落实。最后，应重视与认证工作的紧密配合，高质量的认证工作不仅在审核过程中能够发现知识产权管理体系中存在的问题与漏洞，还能够有针对性地提出建设性的意见，提升知识产权管理水平。

五、体系所取得的成效

"知识产权贯标"工作的开展以及知识产权管理体系的运行实施，是天津工业生物所在管理机制创新上的积极探索，例如，成立专门的知识产权管理机构，建立特色知识产权专员工作模式，实施以知识产权为核心的科研项目全过程管理等。在知识产权管理体系运行实施短短不到十个月，天津工业生物所在知识产权创造、运用、保护与管理方面均取得了一定的积极成效。

（1）在知识产权创造方面，首先，科研项目知识产权产出数量明显增长，2019年专利新申请数量较上年同比增长27.38%，专利新授权数量较上年同比增长16.32%。其次，知识产权产出质量不断提升，在单一产品上产出专利技术数量最高达21件并有效提升科技成果价值，单项专利权利要求保护数量最高达44项并有效保护重大原创成果，专利驳回复审翻案率达100%并获得合理的保护范围。最后，知识产权产出的类型不断丰富，除专利申请以外，还新申请注册商标20件、登记计算机软件著作权2件。

（2）在知识产权运用方面，首先，为全部研究单元和每个知识产权专员配备全球专利数据创新分析工具，提升专利信息利用能力。其次，实现重大科研项目必须开展专利导航，为科研项目立项、研发提供重要情报信息和决策依据，了解研发领域专利技术动态和竞争对手布局情况，有效提升科技创新能力与风险防控能力。再次，建立了工业生物技术与生物制造产业多级导航数据库，涵盖全球专利文献数量达43万件，帮助研发人员及时了解产业技术发展动态，快速定位具体研发的产业技术领域，开展有效专利布局。最后，建立了知识产权价值评估体系并实施分级管理，针对项目特点制定不同的知识产权运营策略，开展尽职调查，寻找优质合作伙伴，建立风险防控机制，以知识产权实现创新链、资本链与产业链的有效联通，促进技术成果的转移转化与知识产权价值实现。

（3）在知识产权保护方面，围绕"一三五"规划的重大突破与重点培育方向，形成了有效的专利布局与组合保护。在羟脯氨酸、肌醇、甾体药物、芳香族氨基酸、塔格糖、红景天苷、天麻素等生物制造产品研发项目上通过专利导航，加强知识产权分析，在解决制约产业发展的"卡脖子"问题上取得一系列重大科技突破，在每项产品上围绕其颠覆性创新成果和核心关键技术形成有效的专利布局3~14项，通过专利战略布局，使天津工业生物所在重大科技成果以及产业实施上拥有较强的技术控制力和竞争优势，增加竞争对手规避设计难度与研发成本。

（4）在知识产权管理方面，首先，成立了专门的知识产权管理部门，加强知识产权战略布局与集中统一管理，将知识产权作为重要战略资源，提升知识产权价值，促进知识产权价值实现。其次，为每个科研项目配备一名知识产权专员，形成院所两级知识产权专员队伍共50人，建立了特色知识产权专员工作模式，使知识产权专员与知识产权管理部门形成有效联动。最后，实施以知识产权为核心的科研项目全过程管理，从项目立项、实施到结题验收，以及技术孵化、放大到产业化的全过程，充分发挥专利导航功能，以价值为导向，针对阶段性技术成果积极开展专利挖掘与布局，培育高价值自主知识产权，形成有效专利组合保护，提升知识产权价值，开展多元化知识产权运营，促进知识产权价值实现和科技成果产业化实施。

天津工业生物所作为国家工业生物技术创新体系的重要组成部分，作为工业生物技术创新的重要源头，知识产权创造、运用、管理与保护能力的不断提升至关重要，以"知识产权贯标"工作为契机，以知识产权管理体系实施运行为起点，充分释放知识产权在科技创新与成果转化中的引领和支撑作用，加强源头保护，促进科技成果知识产权化，将知识产权作为重要战略资源和核心竞争要素，不断提升天津工业生物所核心竞争力，积极探索建立国际一流科研机构，力争在未来能够为创新性国家和世界科技强国建设作出重要贡献。

第二节 提升知识产权意识、加强知识产权管理队伍建设、实现科研项目全流程知识产权管理
—— 中国科学院南京土壤研究所知识产权管理体系建设案例

一、单位简介

中国科学院南京土壤研究所（以下简称南京土壤研究所）成立于1953年，其前身为1930年创立的中央地质调查所土壤研究室。自成立以来，南京土壤研究所一直肩负着为中国农业发展和生态环境建设服务的重任，凝聚和培养了一大批优秀人才，开展了一系列卓有成效的研究工作，逐步发展成为在土壤科学领域研究实力雄厚、分支学科齐全并在国际上享有较高声誉的国家级研究中心和高级人才培养基地，为我国乃至世界土壤科学的发展做出了重要贡献。

近年来，南京土壤研究所紧密围绕中国科学院"三个面向""四个率先"新时期办院方针，聚焦实施乡村振兴和建设美丽中国等重大战略部署，以土壤资源与信息、土壤地力与保育、土壤环境与修复、植物营养与肥料、土壤生物与生态等为核心研究领域，全面实施"一三五"规划，促进产出重大原创成果，率先开展"四类机构"改革，以优秀的成绩圆满完成了特色所试点建设的总体目标，为实现创新跨越发展、建设国际化一流科研机构奠定了坚实基础。

南京土壤研究所现有土壤与农业可持续发展国家重点实验室、土壤养分管理国家工程实验室、农田土壤污染防控与修复技术国家工程实验室、中科院土壤环境与污染修复重点实验室、农业部耕地保育综合性重点实验室等重要研究平台；设有土壤资源与信息、土壤地力与保育、土壤环境与

修复、植物营养与肥料、土壤生物与生态等5个研究部以及土壤资源与遥感应用、土壤-植物营养与肥料、土壤化学与环境保护、土壤物理与盐渍土、土壤生物与生化、土壤与环境生物修复、土壤利用与环境变化等研究单元；还拥有土壤科学数据中心（中国生态系统研究网络土壤分中心）、河南封丘农田生态系统国家野外科学观测研究站、江西鹰潭农田生态系统国家野外科学观测研究站、江苏常熟农田生态系统国家野外科学观测研究站、中国科学院三峡工程生态环境湖北秭归实验站。此外，拥有联合国粮农组织的特约图书馆和亚洲最大的土壤标本馆；土壤与环境分析测试中心是国家质量技术监督局认定的国家计量认证合格单位。

开展知识创新工程以来，南京土壤研究所推动并参与实施了国家在土壤学及其相关领域的所有重大科技计划。截至目前，先后主持国家"973"项目6项，国家重点研发计划项目8项，"863"重大项目1项，"863"重点项目12项，科技基础性工作专项2项，重大科技专项课题4项，科技支撑计划项目2项，公益性行业科技重大专项4项，国家自然科学基金重大项目2项、重大研究计划课题6项，基金重点项目19项，基金国际合作重大项目11项等一大批国家重大科技任务，充分体现了南京土壤研究所在土壤学及其相关研究领域的主导地位和整体竞争实力。近5年来，累计获得18项各级科技进步奖，发表SCI论文1500多篇，国内核心期刊论文1200余篇，出版学术专著40余部，授权发明专利90多项。

截至2019年年底，南京土壤研究所共有在职职工302人。其中科技人员211人，包括中国科学院院士2人，中国工程院院士1人，研究员及正高级工程技术人员63人、副研究员及高级工程技术人员91人。共有国家"万人计划"入选者5人，国家杰出青年科学基金获得者10人。

南京土壤研究所是1981年国务院学位委员会批准的首批具有硕士和博士学位授予权的单位之一，现设有农业资源与环境、环境科学与工程、生态学等3个一级学科博士研究生培养点，土壤学、植物营养学、环境科学等11个专业二级学科硕士研究生培养点，并设有农业资源与环境、环境科学与工程、生态学3个一级学科博士后流动站。

南京土壤研究所先后与 30 多个国家和地区建立了合作研究关系，与英国洛桑试验站、苏格兰作物科学研究所、日本农业环境研究所、澳大利亚墨尔本大学、格里菲斯大学等一批国际著名研究机构和大学签订了长期全面合作协议。2018 年通过竞争成功获得第 23 届世界土壤学大会举办权。作为全球数字土壤制图计划亚洲中心、国际氮素行动计划东亚中心、全球土壤伙伴计划亚洲中心、全球土壤修复网络亚洲中心，代表中国在国际土壤学组织以及重大科研行动计划中持续发挥了主导作用。

南京土壤研究所是中国土壤学会、江苏省土壤学会和全国土壤质量标准化技术委员会的挂靠单位；主办 *Pedosphere*、《土壤学报》《土壤》等 3 份学术期刊，其中 *Pedosphere* 是我国唯一的土壤科学英文学术期刊且被收录为 SCI 源刊。

二、贯标背景

随着知识经济的兴起，知识产权已成为市场竞争力的核心要素。科研组织是国家创新体系的重要组成部分，知识产权管理是科研组织创新管理的基础性工作，也是科研组织科技成果转化的关键环节，提高科研组织知识产权管理工作水平是增强自主创新能力的重要保证。

2015 年 6 月，中科院启动第一批知识产权管理试点，南京土壤所等 13 家研究所进入试点单位。为进一步规范科研组织知识产权管理，院科技促进发展局于 2018 年 11 月 15 日在北京召开《科研组织知识产权管理规范》贯标工作启动会，南京土壤所成为中国科学院内首批启动贯标试点工作的研究所（32 家）之一。

南京土壤研究所肩负着我国农业可持续发展和生态环境建设服务的重任，建立科学有效的知识产权管理体系是实现研究所历史使命的重要保障。研究所以贯标工作为契机，不断提高知识产权创造与运用能力，有效提升研究所综合竞争力。

南京土壤研究所根据知识产权管理现状，制订了知识产权管理的中长期目标。长期目标包括：（1）完善和规范知识产权管理体系，提升研究所知识产权的创造、保护和运用能力，建立专业的知识产权管理队伍及人才培养体系；（2）知识产权意识渗透于研究所科技创新之中，在农业和环境领域产出一批在国际上有影响的原始创新成果，并形成核心知识产权；员工和学生能够自主自发进行知识产权的保护，为我国土壤科学相关产业提供有力的技术及知识产权保障。中期目标包括：（1）建立知识产权信息分析机制，加强研究所核心研究领域的知识产权布局，培育具有突破性的成果，形成核心知识产权；（2）不断完善科技成果转移转化为导向的知识产权创造、保护和运用的知识产权管理体系，持续改进并有效运行，保持知识产权管理体系认证有效；（3）加强知识产权队伍建设，培养知识产权复合型人才，所级知识产权专员不少于30名。

知识产权管理体系筹建之前，南京土壤研究所尚无从事知识产权管理工作的专职人员，专利申请量较少（每年不超过100件），很多团队只发表文章，知识产权意识普遍不足，不少团队申请专利的目的就是完成科研项目要求或职称晋升需求，形成的高价值专利严重不足。研究所自2015年6月成为中科院第一批知识产权管理试点单位以来，知识产权管理工作有了长足进步，但离《科研组织知识产权管理规范》的标准仍有一定距离。

三、体系建立

实施知识产权管理是科研组织获得持续发展的关键，是提升科研组织创新能力的保证。南京土壤研究所根据学科发展方向和科研成果（知识产权）产出状况，制订了"强化知识产权布局，提升研究所在土壤科学及相关领域的持续创新能力，加强知识产权保护，促进科技成果转移转化，为我国农业可持续发展和生态环境建设提供科技支撑"的知识产权管理体系的方针目标（指导思想）。

根据《科研组织知识产权管理规范》国家标准要求及知识产权相关法律法规要求，结合当前南京土壤研究所知识产权工作的实际情况，基于研究所的职责定位和发展目标，遵行"可行、实效、系统、准确、简明"的原则编写了《中国科学院南京土壤研究所知识产权管理手册》，以进一步规范研究所的知识产权管理工作，增强全体员工的知识产权意识和技术创新能力，提升知识产权质量和效益，促进知识产权价值实现。该手册是对知识产权管理体系的具体描述，是研究所知识产权管理必须遵循的管理文件，是实施知识产权管理的纲领文件（工作准则）。

知识产权管理体系的建立主要包括工作筹备、调查诊断、体系规划、文件编写、宣传培训五个阶段。

（1）工作筹备。2018年11月28日，南京土壤研究所正式启动《科研组织知识产权管理规范》贯标工作，成立贯标工作小组，指定知识产权管理部门设在科技处。贯标工作小组组长由研究所所长担任，管理者代表是分管知识产权工作的副所长，小组成员由科技处、办公室、人事处、研究生部、财务处和文献情报中心接触知识产权工作事务的工作人员组成。

（2）调查诊断。调查诊断是知识产权管理体系建设的关键环节，该阶段需要充分调查研究所知识产权管理过程存在的问题，认真研读《科研组织知识产权管理规范》的条款，分析标准执行中可能出现的问题，形成科学有效且易于操作的执行方案。2018年11月至2019年3月，贯标工作小组根据标准内容调研研究所各职能部门和研究团队，收集已有知识产权管理的表单和存在的问题，与管理人员和科研人员交流可改进的方案等。

（3）体系规划。通过文件解读和咨询调研，制定了知识产权体系建设的基本方案。同时，工作小组确定每个管理单元和研究团队的知识产权专员。

（4）文件编写。文件的设计直接影响执行的效率，简洁有效的文件有益于体系的运行。文件包括手册、程序文件和记录文件三部分。手册是指导性文件，程序文件是实施规范，记录文件及表单是记录体系运行的载体。《知识产权管理手册》的制定需要与标准对照，覆盖标准，根据实际情况，进行适应性调整，并对标准条款中的要求进行职能分配，落实到相应的职能部门。程序文件的制定是与手册对照，将手册中的纲领性要求变成相应的可执行的程序文件，无相关规定的，新增；有相关的规定，但没有对知识产权要求的，在原有文件的基础上修改，增加知识产权要求；可以沿用的，直接沿用。记录文件和表单的设计需要与实际操作人员，特别是知识产权专员进行充分沟通，形成的记录表单涵盖管理内容且易于操作。

（5）宣传培训。宣传培训是体系得以顺利推行的必要动作。2019年4月9~11日，中国科学院《科研组织知识产权管理规范》内审员培训班在中科院南京土壤研究所举办。培训由中科院科技促进发展局主办、中科院知识产权研究与培训中心承办、中科院南京土壤研究所协办，来自南京土壤所、青海盐湖所、寒区旱区环境与工程所、昆明植物所、沈阳应用生态所、西安光学精密机械所、长春应用化学所、心理研究所等单位的72位学员参加了培训。培训后，中科院知识产权研培中心组织了内审员资格考试，南京土壤研究所有46位学员获得"科研组织知识产权管理规范内审员证书"，他们在研究所知识产权体系建设中发挥重要作用。通过分析各部门、各类人员对知识产权管理的需求，采取分类分级的方法宣传规范知识产权管理的意义、目标和措施，通过培训、邮件、海报、小型会议、平时交流等方式宣传知识产权管理的重要性和工作生活的相关性等，以增强研究所人员对知识产权及其管理的认识和意识。

经验分享：

（1）得到领导重视。知识产权管理体系建立前，首先需要得到领导的重视。具体知识产权管理执行人员，需要将体系建设的意义、目标（对研究所的短期、中期和长期的影响）、时间表和需要的资源等清晰地向研究所领导层宣贯，以得到领导层的授权。

（2）做好调研分析。需要清楚谁是贯标工作的主角？是科研人员。科研人员的特点？科研人员忙，贯标准备期间尽量少打扰他们，减少会议，交流方式建议采用"沟通+小型会议"的形式，时间最好不超过半小时；科研人员喜欢简单直接，在宣传培训过程中，将知识产权管理对科研工作的意义说清楚即可，信息中不要夹杂不必要的信息。

（3）选好时机宣贯。每年春节到3月是科研人员申请项目的关键时期，这期间不宜打扰科研人员，南京土壤研究所选择2019年4月正式启动贯标工作，包括培训、文件编制等，就是基于时间上的考虑。同时，充分利用平时有针对性地与项目组长和知识产权专员沟通也是促进知识产权管理体系顺利运行的有效方式。

（4）找对执行人员。执行团队的组建极为重要，知识产权体系管理人员需要能够与领导层和各部门进行有效沟通，各部门和研究团队的执行人员需要具体负责知识产权工作的人员，如人事和研究生管理部门的档案管理人员、科研团队的行政秘书等，避免不直接接触知识产权表单的人员参与，以提高工作效率。

（5）简化表单设计。表单是记录知识产权体系有效执行的重要依据，表单内容包括人员进出、项目执行、科研成果对外披露、知识产权获取、科研物资采购等方面，需从整个研究所的角度设计表单。记录表单的设计原则：简化已有表单、删减重复表单、表单管理落实到人。

四、体系实施与持续改进

2019年6月1日，南京土壤研究所正式执行新版的《中国科学院南京土壤研究所知识产权管理手册》（2019年5月28日发布，2019年6月1日实施），并正式启动《科研组织知识产权管理规范》国家标准的试运行，运行3个月。

2019年9月2~3日，科技处的知识产权管理负责人会同来自人事处、研究生部和财务资产处的知识产权专员组成审核小组，对照标准查要素，对研究所的所长、管理者代表、办公室、人事处、科技处、财务资产处、研究生部、园区与后勤办、期刊出版与文献情报中心、土壤与环境分析测试中心、土壤资源与遥感应用研究室、土壤植物营养与肥料研究室、土壤化学与环境保护研究室、土壤物理与盐泽土研究室、土壤生物与生化研究室、土壤与环境生物修复研究中心、土壤利用与环境变化研究中心、封丘农田生态系统国家野外科学观测研究站、鹰潭农田生态系统国家野外科学观测研究站、常熟农田生态系统国家野外科学观测研究站、中国科学院三峡工程生态环境秭归试验站、中国生态系统研究网络土壤分中心开展了全方位的审核工作。小组主要审核知识产权管理体系的实施是否符合《科研机构知识产权管理规范》（GB/T 3250—2016）的要求；评审知识产权管理手册、程序文件等，查明其是否与规定的知识产权管理方针、目标相符合；通过内部评审发现缺陷、低效或潜在的不合格因素并采取相应的纠正措施。改进知识产权管理和程序文件，满足研究所对知识产权管理的更高要求。

2019年9月16日，南京土壤研究所举行知识产权管理体系管理评审会议，会议由最高管理者（研究所所长）主持，所长、管理者代表、各职能部门和研究中心负责人、陪同人员出席，审核方针、目标是否符合研究所实际情况；研究所发展战略和"一三五"规划；研究所知识产权基本情况及风险评估信息；技术、标准发展趋势，外部环境变化；各部门内部审核结果及内审改进措施等。

2019年9月26日，南京土壤研究所向中知（北京）认证有限公司正式提出认证申请。

2019年10月17~18日和29~30日，中知（北京）认证有限公司分两阶段对南京土壤研究所知识产权管理体系覆盖的全部部门以及全部学科领域方向开展现场审核工作，最终中知（北京）认证有限公司认定，南京土壤研究所知识产权管理体系符合审核准则的要求，批准通过认证。

11月3日，中知（北京）认证有限公司向中国科学院南京土壤研究所签发《知识产权管理体系认证证书》，认证符合《科研组织知识产权管理规范》国家标准，认证范围覆盖南京土壤研究所全部学科领域方向的科学研究、技术开发、成果转化的全过程知识产权管理。南京土壤所成为华东地区首家通过《科研组织知识产权管理规范》国家标准认证的科研机构，是中国科学院直属研究所第四家通过认证的单位。这也是中科院特色研究所知识产权运营管理改革的重要成果。

经验分享：

（1）选好试运行时间。试运行阶段能够创造更多机会让各部门和科研团队体验知识产权管理体系的实际操作，将有利于体系的推广。6~7月学生答辩离开研究所较为集中，7月新职工进入研究所，8月底新的学生进入研究所，7~8月也有许多会议举办。南京土壤研究所选择6月1日启动体系试运行，研究所能够收集到较多的记录表单，可以及时发现体系的问题进行改进。

（2）选好工具激励。知识产权专员是体系顺利运行得以保障的关键，调动他们的积极性尤为重要。管理部门和各科研项目组的知识产权专员大多数都是兼职做部门或项目组知识产权管理，管理团队提供一定的服务和培训将有助于激励他们更好地为体系服务，例如，免费提高科研项目的知识产权分析、知识和管理技能培训、及时解决相关问题等。2019年6月19日，南京土壤研究所邀请中科院知识产权管理运营中心和中科院大连化学物理所的专家开展《科研组织知识产权管理规范》贯标工作等相关内容的讨论。专利导航/知识产权分析方法可拓展科研人员对科研方向的分析，不局限于学术文献的调查，还能够考察产业的需求和动态。2019年10月22日，研究所邀请专利数据库服务商的技术人员开展《专利检索分析在科研项目全流程中的应用》专利分析等相关内容的讨论。同时，知识产权管理负责人需充分利用不同场合，向知识产权专员的部门负责人和科研项目团队长肯定其工作。

（3）选好认证机构。知识产权管理体系认证的目的是完善研究所体系建设，认证前研究所与认证机构是运动员和裁判员的关系，论证过程中，逐步转变为学生与老师的关系，甚至成为合作者。优质的认证机构能够为研究所带来政府、企业和其他研究机构的先进管理经验和思路等，同时，也可能成为研究所发展的战略合作伙伴。中知（北京）认证有限公司秉承"高质量贯标、高质量审核"的理念，公司分两阶段对南京土壤研究所知识产权管理体系论证，这一过程中充分体现了审核人员的专业和敬业，其间不仅提升了研究所领导层和知识产权专员对知识产权管理体系的理解，而且拓展了一些科研人员的研究和管理思路。

五、体系所取得的成效

南京土壤研究所通过《科研组织知识产权管理规范》国家标准贯彻，初步建立起规范的知识产权管理体系，在以下四方面得到显著增强。

（1）加强了知识产权管理队伍。南京土壤研究所科技处设置了专职负责知识产权管理的岗位，并在各管理、支撑和科研项目团队设立知识产权专员，形成了一支强执行力的知识产权管理队伍，院所两级知识产权专员达到56人。同时，通过知识产权管理表单设置和培训，建立了知识产权专员与管理和支撑部门高效互动的工作模式。

（2）提升了研究所人员的知识产权意识。南京土壤研究所在职职工（含博士后）、访问学者、临时聘用人员、研究生、实习人员等均参与了《科研组织知识产权管理规范》的宣贯，接受了知识产权相关内容的培训，并在实际记录表单填写，知识产权意识得以加强。在研究所开展贯标工作之前，多数所领导、科研人员、管理人员、支撑人员和研究生对知识产权的基本概念和知识产权规范管理的意义不清楚；通过宣传、标准执行、培训等方式，大多数研究所人员充分理解了知识产权的基本概念，体会到知识产权及其管理与自身科研和生活息息相关；贯标工作开展以来，越来越多的科研人员主动到研究所科技处咨询项目申请/执行、成果转化、合同签订等涉及知识产权的问题，知识产权意识已逐渐体现在研究所人员的工作中。

（3）规范了知识产权管理。根据《科研组织知识产权管理规范》国家标准，南京土壤研究所和科研团队规范了知识产权管理的思路和内容，形成标准的记录表单，建立各部门和科研团队的知识产权管理档案，并有专职人员负责。通过贯标工作，南京土壤研究所形成了"全所一盘棋"的知识产权管理模式，各部门各司其职，将人财物等涉及知识产权的管理融入记录表单中，规范了知识产权创造、保护和运营流程，定期的内审和互动沟通机制不断完善研究所知识产权管理体系。规范知识产权管理的一个重要目的是更好地为研究所科技成果转移转化服务，通过知识产权分级、知识产权分析等工作，研究所梳理出围绕服务现代农业、环境保护和数据资源应用等涉及土壤科学相关领域的解决方案，为研究所科技成果的产业化奠定了坚实的基础。

（4）强化了科研项目知识产权全流程管理。科研人员是研究所的主体，科学项目是执行科研活动的载体，专利导航/知识产权分析引入科研项目全流程管理为形成高质量科研成果奠定了基础，也是科研团队获得感最强的部分。目前，南京土壤研究所对国家重点研究项目进行严格的知识产权全流程管理，不少科研人员对各种类型的研究项目也进行了知识产权分析。科研人员的多数创新工作是通过科研项目执行来实现，通过专利导航/知识产权分析，科研人员从产业技术需求的视角来判断创新工作对产业的贡献；同时，联合企业开展知识产权布局并规避可能存在的知识产权风险，为知识产权运营做好充足准备。通过贯标，研究所大多数科研人员在科研项目立项、执行、结题验收和成果应用过程中运用了知识产权管理理念，这将有益于形成高质量的科技成果并实现产业落地。

南京土壤研究所肩负着我国农业可持续发展和生态环境建设服务的重任，建立科学有效的知识产权管理体系是实现研究所历史使命的重要保障。研究所将以《科研组织知识产权管理规范》国家标准贯彻为契机，不断提高知识产权创造与运用能力，有效提升研究所综合竞争力，为全球土壤科学相关领域科技创新、产业技术升级和政府决策贡献力量。

对其他单位的建议：

《科研组织知识产权管理规范》标准的实施不仅仅是为了知识产权管理，更是提升科研项目的全流程管理水平。表面上来看，标准只是对知识产权（专利、专著、软件著作权、商标、技术秘密等）形成、保护和运用等过程的管理，实际上这项国家标准对规范以知识创新为目的的研究机构是一项提高研究所和科研项目团队的科研管理水平的准则。建立高效的知识产权管理体系，队伍建设、组织策划和激励运行是核心。

第三节　发挥知识产权的引领和支撑作用、激发创新活力、增强研究所的创新能力
——中国科学院青海盐湖研究所知识产权管理体系建设案例

一、单位简介

中国科学院青海盐湖研究所（以下简称青海盐湖所）创建于1965年3月，该所在我国著名化学家柳大纲院士和著名地质学家袁见齐院士的带领下开始了柴达木聚宝盆的系列勘察与研究，迄今为止依然是我国唯一专门从事盐湖研究的科研机构。青海盐湖所分别于1981年和1997年获得国务院学位委员会批准的硕士和博士学位授予权，现设有无机化学、地球化学两个一级学科博士学位培养专业，设有无机化学、分析化学、地球化学三个理学硕士学位培养专业和化学工程一个工学硕士学位培养专业，以及化学工程、材料工程、地质工程三个工程硕士学位培养专业，有化学、地质学两个专业的一级学科博士后流动站。经过几十年的艰苦努力，青海盐湖所已经形成盐湖地质学、盐湖地球化学、盐湖相化学与溶液化学、盐湖无机化学、盐湖分析化学、盐湖材料化学、盐湖化工等完备的学科体系。

青海盐湖所拥有中国科学院盐湖资源综合高效利用重点实验室、中国科学院盐湖盐矿绿色开发工程实验室、青海省盐湖地质与环境重点实验室、青海省盐湖资源化学重点实验室、青海省盐湖资源开发工程技术研究中心等研究单元，拥有盐湖资源综合利用中试基地、盐湖化学分析测试中心、文献情报与编辑部等重要支撑部门。青海盐湖所主办有国内盐湖领域核心学术期刊《盐湖研究》。

青海盐湖所先后有4位科学家当选为中国科学院院士。现有在职职工235人，其中研究员及正高级工程技术人员27人、副研究员及高级工程技

术人员 59 人，专业技术人员 190 人。现有正在执行的中国科学院"百人计划"入选者 3 人、"西部之光"入选学者 24 人、青促会员 10 人、青海省"高端创新人才千人计划" 14 人，共取得各类科研成果 300 多项，其中国家级、省部级奖励 50 项，国家自然科学奖二等奖两项。

青海盐湖所宗旨和业务范围包括开展盐湖科学研究，促进资源合理利用。盐湖资源基础研究、地球化学研究、生态环境与资源调查研究、盐湖资源综合利用研究、盐类及各种矿物化学分析与测试，相关学历教育、继续教育、专业培训与学术交流《盐湖研究》出版。

二、贯标背景

1. 实施背景

2018 年，中国科学院正式启动《科研组织知识产权管理》贯标工作，确定了首批 32 家贯标试点单位，包括 14 家特色研究所、10 家参与中科院促进科技成果转移转化弘光专项的研究所以及主动自愿申报的 8 家研究所。作为 14 家"特色研究所"之一，青海盐湖所纳入中国科学院首批开展《科研组织知识产权管理规范》标准贯彻（贯标）的试点单位，贯标是将知识产权管理贯穿到整个科研创新活动，充分发挥知识产权的引导、激励和保障作用，以知识产权促进科技创新和成果转化，提高科技创新活动的效率和效益的过程。

2. 体系运行目标

青海盐湖所通过贯彻、实施《科研组织知识产权管理规范》，希望建立规范的知识产权管理体系、充分发挥知识产权在科技创新过程中的引领和支撑作用、激发广大科研人员的创新活力、增强研究所的创新能力。

3. 基础条件

青海盐湖所知识产权工作经验丰富，具备较好的体系建设基础。

（1）有平台。2010~2017 年，青海盐湖所相继获得"全国企事业知识产权示范创建单位""国家技术转移示范机构""全国专利文献服务网点"等资质和荣誉，具备知识产权工作的基础条件。

（2）有团队。经过近五年的努力，青海盐湖所培养了完善的知识产权专员团队，其中"全国专利信息师资人才"1人，"全国专利信息实务人才"2人，"中科院知识产权专员"2人。

（3）有大额许可。研究所近年来成果转化工作突出，曾在2016年针对高镁锂比盐湖提锂关键技术及其专利，分别以2000万元价格以普通许可方式授权青海锂业公司和青海东台吉乃尔锂资源股份有限公司使用，合计许可收入4000万元人民币。

（4）有专利奖。研究所的"从盐湖卤水中分离镁和浓缩锂的方法"专利于2018年获得"中国专利优秀奖"。

4. 现状及存在问题

青海盐湖所自1965年建所50多年来，以致力于盐湖资源开发与应用基础研究为主，研究所体量小、学科差异大、知识产权数量较少，无知识产权专职管理人员，无知识产权管理专业工具，无任何体系建设经验。青海盐湖所科研人员知识产权意识薄弱，知识产权管理制度不尽完善，部分职责分配尚不清晰。在人员入离职、信息披露审查、技术合同中知识产权条款等方面管理要求亟待完善。

三、体系建立

青海盐湖所在建立、保持和改进知识产权管理体系的各个过程中，包括知识产权体系文件的编制、协调各部门各要素之间的接口，都必须树立总体优化的思想，力争知识产权管理体系与研究所的战略发展方向有机融合，杜绝知识产权管理与其他管理脱节、文件规定和实际动作不符的现象。

知识产权管理体系建设强调以预防为主，就是将知识产权管理的重点从管理结果向管理过程转移，不是出现了知识产权问题，发生了知识产权纠纷才去采取措施，而是将问题和发生纠纷的可能性消灭在形成过程中，做到防患于未然。因此，要使对研究所知识产权有影响的服务、管理以及各个过程因素的风险始终处于受控状态之下。

按照研究所实际管理特点，体系策划时充分利用现有的管理制度和流程、记录，尽量减少新增记录，降低职能部门和科研人员的管理成本，既使体系建设符合研究所目前的管理实际，又能符合科研组织知识产权管理标准，做到简单、实用，杜绝"两张皮"的情况出现。

同时，体系策划以青海盐湖所知识产权需求出发，例如，风险管控方面，体系策划过程对现行管理过程进行细致分析，弥补一些管理不足，建立一些管理流程，辅导一些人员的知识产权管理能力，在人事入离职、采购与转移转化合同审查、技术秘密与商业秘密的披露审查、专利权放弃维护管理、形象标识的使用等方面都加入风险防控管理要求，以保障青海盐湖所在体系要求运行下稳健运行，为我国盐湖研究与开发领域持续保驾护航。

知识产权管理体系的建立过程，主要包括：贯标启动、调查诊断、体系构建、文件编写、宣贯培训、实施运行、内部审核、管理评审八大过程。贯标之初，研究所确立了2019年完成认证、2020年优化提升、2021年切实管用的贯标工作思路。

（1）贯标启动：2019年4月17日，青海盐湖所成立了以所长为组长的贯标领导小组、以党委书记为组长的协调小组和以分管副所长为组长的工作小组，确保贯标工作的顺利推进。2019年4月18日，策划并组织召开了贯标启动会，邀请中科院领导、青海省知识产权局段靖平局长进行动员讲话，邀请三位专家分别做了《科研组织知识产权管理规范解读》《科研机构知识产权管理标准化实践》《以技术转移为导向的知识产权管理》的报告。

（2）调查诊断：调查内容包括研究所知识产权基础、管理层与管理机构、知识产权管理的资源配备及其他管理基础、文件和记录管理基础。采用多种调查方式结合进行，包括问卷调查、电话调研、会议交流、各部门现场调研。2019年5~7月，研究所用时三个月进行调查诊断，总体结论为：青海盐湖所的知识产权管理基本处于完善保护和单向应用并存的阶段，知识产权保护与运营并重，建议在卤水提锂等重要技术领域全面开展高价值专利培育和国际专利保护。

（3）体系构建、文件编写：结合调查诊断结果，对照标准要求，青海盐湖所按照知识产权管理体系框架以及文件撰写方案，编制形成了若干体系文件，以规范各项知识产权工作。体系构建阶段，为彻底解决部分职责不清问题，以部门为单位，又开展了第二次现场调研，并在领导小组会议上进行最终确认。

（4）宣贯培训：对所编制的体系文件进行培训学习，确保相关人员能够了解并遵守关于知识产权工作的要求，保证体系的运行。同时针对所领导、中层管理人员、课题组长、科研人员、研究生、知识产权专员等不同群体开展了分层分类培训。

四、体系实施与持续改进

自2019年8月9日起青海盐湖所体系进入试运行阶段，在为期三个月体系运行阶段，始终与体系覆盖人员、管理人员保持联系，及时检查并监督各管理过程是否按照体系要求进行，持续监督记录文件，密切与贯标辅导机构联系，做到及时发现问题、及时解决问题。

试运行尾声，开展体系内部审核，提前编制内审计划，确保覆盖所有部门，并在内审前提前与各部门进行确认，确保其知悉内审计划，积极准备内审所需的相关资料。在辅导机构的协助下，开展对研究所的知识产权管理体系内审工作，在内审过程中，研究所的内审员虚心学习，总结分析不符合项目，制定整改措施并在规定期限内完成。

在试运行期间，青海盐湖所知识产权专员各抒己见，表示体系能够简单地、有效地降低科学研发过程中的外部风险，同时，也使得各类管理过程记录得到了完整的保持，管理过程可追溯，并且降低因人员更迭带来的工作交接的风险。在资产采购方面增加的供方能力调查，不仅调查了供方的生产能力，而且能让供方对提供的产品或服务进行承诺，进一步建立合格供方名录，便于科研人员未来高效地、便捷地开展采购工作。科技类合同审核人员反映，在体系运行之前，对不同类型的科技合同，审核过程多依托课题组或研究中心自审后再由科技处进行形式审查，形式审查多为审核合同中的知识产权约定"有没有",在风险应对、纠纷处置、项目期的知识产权具体约定内容与二次开发的技术成果归属约定方面略有不足,但体系运行三个月中,通过持续与辅导机构保持联系,在辅导机构的细心辅导下,学习到很多审核技巧,获得很大启发,现已经可以针对不同类型的科技合同开展不同的审核,侧重不同的审核要点。在课题组或研究中心审核后,可以展开风险审核,提出风险管控建议,尤其在技术分割约定中也找到工作方法,相信随着不断学习和运行知识产权管理体系,能够较为有效地降低管理风险,保障青海盐湖所的权益不受损失。

随后的管理评审工作,提前与管理者代表、最高管理者沟通管理评审形式、时间、地点,青海盐湖所管理评审通过会议形式展开,对体系运行的充分性、适宜性和有效性进行评价,管理层结合"特色研究所"定位、研究所的战略方向提出知识产权管理的要求和建议,会后针对管理评审会议建议进行落实整改。

五、体系所取得的成效

贯彻、实施《科研组织知识产权管理规范》,可以充分发挥知识产权在科技创新过程中的引领和支撑作用、激发广大科研人员的创新活力、增强研究所的创新能力。

青海盐湖所肩负着为我国盐湖资源的可持续开发及高效与高值化利用提供科技支撑,为我国钾、锂、镁、硼等战略资源的持续供给提供技术保障,为我国西部地区区域经济和社会的跨越发展进行科技引领,提供人才储备的历史使命。建立科学、规范、有效的知识产权管理体系是实现研究所历史使命的重要保障,研究所将以通过认证为契机,进一步强化知识产权创造、保护、运用能力,有效提升研究所综合竞争力。

适合研究所发展需要才是最重要的"标准",同时我们需要的不仅仅是"基于标准的实践",更多的是探索"基于实践的标准"。知识产权管理人员是体系建设的"总导演",要分配好各个角色,掌握好整体节奏;要寻找懂研究所文化及运行、懂标准的合作伙伴共同完成工作。

第四节 规范知识产权日常管理、形成全方位制度保护、规避潜在的知识产权侵权风险、促进价值实现
——中国科学院水生生物研究所知识产权管理体系建设案例

一、单位简介

中国科学院水生生物研究所（以下简称水生所）是从事内陆水体生命过程、生态环境保护与生物资源利用研究的综合性学术研究机构，其前身是1930年1月在南京成立的国立中央研究院自然历史博物馆，1934年7月改名为中央研究院动植物研究所，1944年5月又分建成动物研究所和植物研究所。中国科学院成立以后，于1950年2月将原中央研究院动物所的主体、植物研究所和山东大学的藻类学研究部分以及北平研究院的部分研究人员合并，组建中国科学院水生生物研究所，所址上海，1954年9月迁至武汉。2011年水生所整体进入中国科学院"创新2020"试点工程。2015年被认定为中国科学院"率先行动"计划特色研究所。建所90年来，作为国内唯一专门从事内陆水体生命过程、生态环境保护与生物资源利用研究的综合性学术机构，为我国国民经济发展做出了重要贡献。

水生所战略定位和发展目标是，面向国家在水环境保护、渔业可持续发展和微藻生物能源利用方面的重大战略需求，围绕内陆水体生命过程、生态环境保护与生物资源利用领域的基础性、战略性和前瞻性重大科技问题，着力重大理论创新和核心技术突破，强化创新价值链的延伸，在水环境保护、淡水渔业和微藻生物能源领域发挥引领示范作用。

水生所先后拥有10位中国科学院院士。全所现有在职职工340人，其中中国科学院院士4人，发展中国家科学院院士3人。水生所拥有淡水生

态与生物技术国家重点实验室、国家淡水渔业工程技术研究中心（武汉）、国家水生生物种质资源库、湖泊水污染治理与生态修复技术国家工程实验室，农业部淡水养殖病害防治重点实验室、农业部鲫鱼遗传育种中心，中科院水生生物多样性与保护重点实验室、中科院藻类生物学重点实验室，湖北省水体生态工程技术研究中心、湖北省稻田综合养殖工程技术研究中心、湖北省水生植物资源与利用工程技术研究中心，武汉市水环境工程研究中心、武汉市水产集约化养殖工程技术研究中心等国家及省部级重点实验室与研究中心。拥有亚洲最大的淡水鱼类博物馆和淡水藻种库，世界上唯一以鲸类动物保护和研究为目的的水族馆"白鱀豚馆"。拥有东湖湖泊生态系统试验站、三峡水库生态系统试验站等国家野外台站，藻类生物技术与生物能源研发中心、淮安研究中心、扬州水环境与渔业研究分中心等共建机构及分析测试中心平台。

水生所自成立以来共有200项成果获得奖励，出版著作165部，发表论文8301篇。近年来，该所科学家领衔主持了一大批包括国家重点研发计划、国家自然科学基金创新研究群体项目、中国科学院先导专项A类项目、STS项目以及湖北省人民政府、国家开发投资公司、三峡集团公司等国家、地方政府和企业委托重大科技任务，形成一批在理论上有重大突破或在应用上有广阔前景的研究成果。近5年来，该所发表论文2183篇，其中SCI收录1385篇。申请专利204项，获得授权107项，出版著作11部，获得省部级以上奖励6项。一些重要技术创新或技术集成获得成功并在应用中日臻成熟，对于我国水环境保护和渔业可持续发展起到了显著的推动作用。这些科研产出，在鱼类分子系统发育和进化、藻类生物学研究、鱼类遗传育种学、淡水生态学、水环境工程学和保护生物学等方面回答了一系列前沿科学问题，满足了国家在水污染治理和发展生态渔业方面的重大需求，取得重大经济效益，产生广泛的社会影响。

水生所注重发挥水生生物学科技"国家队"的作用，积极促进地方科技事业，参与地方经济建设，取得一系列成绩。以国家淡水渔业工程技术研究中心（武汉）、农业部鲫鱼遗传育种中心为依托，促进了渔业模式和环保饲料等成果转化，指导建设了一大批国家级和省级的水产原良种场。以湖北省和武汉市水环境工程技术研究中心为依托，推动该所一批水环境治理方面的核心技术向全国辐射和转化。面向企业和地方需求，依托藻类生物技术与生物能源研发中心、淮安研究中心等共建机构，开展相关技术研发，为企业发展和地方生态文明建设服务。

水生所对外合作与交流活动频繁。近10年来，先后派出科技人员近800人次到近30个国家和地区进行合作研究、进修或短期访问，同时接待来自近40个国家和地区的专家2200多人次进行学术交流、合作或进修。研究所作为核心成员加入大的国际合作研究计划，如美国的"Tree of Life"研究计划，还发起和引领多边国际合作，如淡水豚类联合调查项目、主办"水环境保护与水污染治理"国际培训班，"海峡两岸人工湿地研讨会""第十届世界华人鱼虾营养学术研讨会""第七届亚太藻类论坛"等。

水生所是国务院学位委员会批准的首批博士、硕士学位授予权单位，设有生物学、环境科学与工程博士后流动站；水生生物学、遗传学、环境科学、水产养殖学、海洋生物学等5个二级学科博士研究生培养点；动物学、水生生物学、遗传学、环境科学、环境工程学、水产养殖等6个二级学科硕士研究生培养点；生物工程、环境工程等2个工程硕士研究生培养点。具有招收和培养港、澳、台和国外研究生资格。现有在学研究生542人、在站博士后35人。

二、贯标背景

科研院所是专门从事科技活动的单位，其主要"产品"是各种智力成果。知识产权管理是科研组织创新管理的基础性工作，也是科研组织科技成果转化的关键环节。因此，深入贯彻实施知识产权管理规范标准，提高知识产权运用与转化能力，将进一步加强科研院所知识产权管理水平，提高成果转化率，从而实现资产增值，提高科研项目立项质量，降低知识产权风险，提高科研机构的技术创新能力。

目前，科研院所在知识产权管理中呈现重数量、轻质量，重申请、轻利用的特点，没有形成规范的内部知识产权管理规章制度及体系，缺乏知识产权专业团队。同时，知识产权运用与转化率低。

知识产权贯标将推进知识产权运用力度，提升知识产权质量和效益，促进科技成果转化。同时通过对国家标准《科研组织知识产权管理规范》的深入贯彻学习，在研究所内建立规范的知识产权质量管理体系，实现知识产权全过程管理。

（1）水生所进行科研院所知识产权管理规范探索，完善水生生物研究所知识产权运用制度，贯标是必然选择。

水生所通过多年的管理工作实践，将知识产权工作纳入合同管理、职称评定、项目管理、年度考核和业绩津贴等考评体系，极大地调动了全所科技人员的技术创新、发明创造和成果转化的积极性，从而加强了科技人员的知识产权保护意识，推动了该所知识产权工作的开展。2016年该所发布《中国科学院水生生物研究所科技成果转化实施细则》，改革专利成果转化制度，研究所在一年内未实施转化的专利，可由完成人或团队自主实施成果转化；成果转化收益的70%以上归研发团队。鼓励研发团队以专利技术入股或质押融资形式进行投资创业，研究所拥有科技成果作价入股形成股权的5%，其余股权归研发团队。通过这类政策，促进研究所整体知识产权创造、运用、保护和管理能力提升。通过对国家标准《科研组织知识产权管理规范》的深入贯彻学习及运用，将继续完善水生所的知识产权各类制度，推进成果转化。

（2）建立产学研合作研发机制，推动知识产权运用，贯标是必须趋势。

一直以来，水生所以专利为纽带促进产学研协同创新，提高创新效率及质量，实现知识产权良性循环。水生所与国家开发投资公司合作共建藻类生物技术和生物能源研发中心，中心面向国家生物能源、资源和环境领域的战略发展需求，致力于微藻生物技术和产业化过程中所涉及的基础理论及关键工程技术问题的创新研究，为实现二氧化碳捕获，污染水体修复，以及微藻食品、饲料、药品、精细化工原料的生产开发提供技术解决方案。

水生所吴振斌研究员团队 3 次获得中国专利优秀奖，1 项湖北省专利金奖。该研究团队不断研发改进人工湿地系列技术并形成专利群，目前已授权专利 60 余项，其中发明专利 37 项，在有效保护专利技术同时，更具核心竞争力。研发的人工湿地系列专利技术已应用在北京奥林匹克森林公园人工湿地、杭州西湖水质改善与水生植被重建、海口美舍河凤翔湿地公园等工程中。仅该团队设计、建设的人工湿地生态工程达数百项，覆盖 22 个省市自治区，引领并推动了人工湿地在我国的广泛深入研究和大规模工程应用，有效改善了区域水生态环境质量，取得了显著的环境和社会效益。贯标将为下一步研究所探索以专利、成果转化为纽带促进产学研协同创新，探索知识产权运营模式开辟道路。

（3）迫切需要专门知识产权方面专业人才。

水生所知识产权管理工作挂靠科研业务处，仅有 1 名专职人员管理。存在的问题是水生所没有专门的知识产权管理部门，从事知识产权管理的专职人员较少，高质量的专利及成果较少，专利转化率低，因此迫切需要通过贯彻实施《科研组织知识产权管理规范》来培养一批专业的知识产权人才。进一步营造知识产权建设的浓厚氛围和良好创新环境，通过组织开展知识产权管理规范培训讲座、参加中科院知识产权培训、参加各类知识产权大赛等，强化整体知识产权意识，提高科研人员参与度，强化科研人员的知识产权观念，鼓励和引导科研人员积极开展专利申请，提升专利质量，进一步提升科研机构知识产权水平。

（4）贯标是中国科学院特色研究所发展的需求。水生所是中国科学院 14 个特色研究所之一。按照中科院下发科发函字〔2018〕39 号"中国科学院关于贯彻《科研组织知识产权管理规范》国家标准有关工作的通知"、中国科学院科发函字〔2018〕286 号"中国科学院关于启动《科研组织知识产权管理规范》贯标工作的通知"，至 2020 年，全院拟通过《科研组织知识产权管理规范》认证的院属单位超过 30 家。水生所于 2018 年 12 月与中科院签署了贯标任务书，积极贯彻落实国家和中科院要求，开始筹备建立和实施知识产权管理体系，旨在通过本次贯标将知识产权管理有效地融合到水生所的科学研究、社会服务、人才培养、文化传承创新中，建立符合水生所实际管理需求的知识产权管理体系，以实现全过程知识产权管理，增强水生所的科技创新能力，提升水生所知识产权质量和效益，促进知识产权的价值实现，同时提高水生所的知识产权综合管理水平，以支撑水生所总体发展战略。

三、体系建立

水生所是以基础研究为主的研究所，年均申请专利 40 余项，授权 30 余项。目前拥有有效专利 272 件，软件著作权 2 项，注册商标 2 项，4 次获得中国专利优秀奖，获得 1 项湖北省专利金奖。制订贯标计划后，水生所明确了"规范知识产权管理，加强知识产权保护，提高科技创新能力，促进创新成果转化"的知识产权方针，并制定了知识产权的 3~5 年目标以及长期目标。同时按照中科院贯标体系流程展开工作。

2019 年 3 月 26 日，水生所召开贯标启动会。同时，3 月 26~28 日，由中国科学院科技促进发展局主办、中科院知识产权研究与培训中心承办、中科院水生生物研究所协办的中科院 2019 年《科研组织知识产权管理规范》内审员培训班（武汉站）在水生所举办。该培训旨在贯彻落实《科研组织知识产权管理规范》国家标准的贯标工作，促进科研机构知识产权管理体系建设，使知识产权管理国家标准的要求融入科研组织的日常管理工作中。来自大连化学物理研究所、长春应用化学研究所、心理研究所、新疆生态与地理研究所、武汉分院、武汉植物园、武汉物理与数学所等 16 家单位及水生所各学科组、各职能部门代表共计 101 位学员参加培训。中科院科技促进发展局领导以及水生所殷战副所长（主持工作）、胡炜副所长、科研处贺锋处长等人出席培训会。培训班围绕国家知识产权局对科研机构贯标的工作部署、《科研组织知识产权管理规范》概论与解读、知识产权管理体系建立与文件编写、内部审核管理评审和认证实务、内审模拟练习、研究所贯标过程经验介绍等内容展开。邀请来自中科院长春应用化学研究所、长春光学精密机械与物理研究所以及中知（北京）认证有限公司的领导和专家进行授课。最后，中科院知识产权研培中心组织了内审员资格考试，82位学员参加考试。通过考试的学员将获得"科研组织知识产权管理规范内审员证书"，并将在研究所知识产权体系建设中发挥重要作用。

水生所所领导对该培训会充分重视，殷战副所长（主持工作）和胡炜副所长均发言表示将全力推进水生所知识产权贯标工作，希望以贯标工作为契机，进一步加强水生所知识产权的全过程管理，强化研究所的科研质量体系建设，以充分发挥研究所对国家经济建设和重大战略需求的支撑功能。水生所在此次培训中，培养内审员67名。这为后续研究所的内审工作打下坚实的基础。

培训会之后，水生所积极推进贯标工作进行，进行体系建设。从4月开始，历时3个月。

（1）在贯标启动及筹备阶段，由所长（法人）牵头，成立知识产权贯标领导小组，明确所长（法人）为知识产权工作的最高管理者，明确分管副所长为知识产权工作的管理者代表，明确知识产权管理机构和知识产权服务支撑机构，落实贯标工作部门与人员构成，明确职责与分工，确保资源配置，建立协调沟通机制，为贯标工作的开展和落实提供组织保障，贯标工作计划和实施方案。明确贯标工作科研部门、管理部门和支撑部门的联络人员和对应工作职责，确定贯标工作指导思想、目标。

（2）在调研诊断阶段，水生所内部以部门或中心为单位，陆续开展相关培训、指导。

贯标牵头部门（知识产权办公室）协同贯标辅导机构与水生所分管副所长、科研业务处相关人员进行座谈，了解水生所的知识产权管理现状和主要需求。对研究所5个管理部门、17个研究中心及实验室、2个支撑部门的现有知识产权管理情况进行走访诊断，通过调研诊断，了解水生所实际知识产权管理情况以及现有管理薄弱环节，明确下一步贯标工作的重点。通过《调查诊断表》的方式收集了解现有知识产权管理文件等资料，形成《中科院水生所知识产权管理现状调研报告》。针对形成的《中科院水生所知识产权管理现状调研报告》，组织召开研讨会，根据调研结果，结合水生所现有知识产权管理基础，初步拟定水生所体系构建方案。

（3）体系构建阶段，根据研究所的知识产权管理现状和需求，由所长确定水生所的知识产权方针、中长期和近期目标；根据拟定的知识产权方针和目标，以及各职能部门调研诊断情况，知识产权管理机构、职责、资源、制度、流程以及各个管理环节进行对标完善策划。同时根据策划的情况有针对性地编写和设计适宜水生所的知识产权管理文件、程序制度文件、记录表单，使之符合标准要求和水生所实际情况。对标梳理水生所现有220项管理制度文件，新增管理手册1份、制度文件7份、流程文件2份；修订制度文件8份；沿用制度文件7份。经过前期的调研诊断，水生所于2019年7月底正式发布实施了本所的知识产权管理手册和相关程序制度文件。

《科研组织知识产权管理规范》是水生所第一个体系建设，所以整个知识产权体系建设就是从0到1，从无到有的过程。在这个过程中，水生所的经验主要有以下方面。

（1）所领导的重视和决策很重要。在贯标的每个节点上，都由知识产权管理办公室（挂靠科研处）提前将计划提交所务会，由所务会讨论通过后再执行。有了领导重视和政策的支持，做起来在效率以及执行力上会提高很多。尤其是文件的新增和修订，会有事半功倍的效果。

（2）要有专门的管理机构。贯标工作千头万绪，只有在专门的机构组织下，才能确保贯标工作有序开展，各个环节之间有序对接。知识产权管理办公室就是起到这样一个重要的维系作用。

（3）架构体系要适应研究所所情，不能拿着其他机构的经验生搬硬套。要熟悉标准的每一项内容，不生搬硬套。

（4）要有专门的知识产权队伍。水生所承办了中科院科发局2019年中科院《科研组织知识产权管理规范》内审员培训班，培养了67名自己的内审员，基本涵盖研究所所有的部门。这个对于内审和外部迎审非常关键。在培训班时，就进行过模拟审核。所以，在研究所内审以及迎审中，因为有培训班的经验，对于审核条款的理解，对于执行，对于不符合项的改正等都能很好地理解到位，这为通过审核认证打下了坚实的队伍基础。

四、体系实施与持续改进

2019年7月底开始，水生所体系试运行，各科研部门、管理部门和支撑部门按照体系文件和国家标准的要求进行体系试运行，并保留运行过程中形成的管理活动记录文件。知识产权办公室及时组织答疑。针对水生所知识产权管理人员、服务支撑机构人员和知识产权专员开展专利价值评估、转移转化的专业培训。针对承担科研项目的科研人员进行专利挖掘和专利布局培训，提高科研项目技术保护能力，形成立体有效的知识产权保护体系。9月，水生所召开宣贯大会，宣导研究所制定的知识产权管理方针和目标，要求各管理部门、研究中心、学科组、支撑部门按照拟定的制度文件开展知识产权管理工作。之后，研究所先后进行了两次知识产权管理体系内部检查监督及管理评审。对研究所各管理部门、研究中心及课题组知识产权管理体系运行情况开展了内部审核和管理评审，对体系运行过程中各部门和各研究中心存在的问题及时发现并进行了纠正，实现了体系的持续改进，为后续迎接外审认证做好了基础。体系运行三个月后，2019年11月底，水生所委托第三方认证机构对体系运行情况进行了为期两天的审核认证，通过实地审查、现场资料查验等方式，使体系得到优化。通过对不符合项的整改，不断提高管理水平。12月，水生所获得了《知识产权管理体系认证证书》，成为湖北省乃至华中地区首家通过科研组织知识产权管理体系认证的科研机构，也是中国科学院系统第六家通过认证的单位。

水生所是第一次建立管理体系，体系建设也是一个长期的过程。水生所体系工作开展过程中还有需要不断改进的地方。首先是个认识过程，科研人员要了解体系及贯标的实质，才能更好地实施。其次体系要不断地完善和改进，每个研究所的情况不同，在体系运行过程中会出现这样那样的问题，只有及时监督和发现问题，才能不断地完善和改进。再次要重视与第三方机构的合作，一个是辅导机构，可以使没有贯标经验的研究所少走弯路。最后就是认证机构，认证机构的专业性以及贯标的经验会为研究所

知识产权管理水平提升到一个更高的层次

五、体系所取得的成效

经过近一年知识产权管理体系的建立和实施，通过现有制度的梳理，规范了水生所的知识产权日常管理，对研究所形成全方位制度保护；通过体系的实施，有效规避水生所潜在的知识产权侵权风险；通过贯标工作的开展，提高了水生所知识产权转化运营能力，促进了知识产权的价值实现，有效提高了水生所广大职工的知识产权保护意识，调动了职工发明创造的积极性，对研究所知识产权的获取、维护、转化等活动进行规范化管理，为科研活动保驾护航。

（1）梳理全所220项现行管理制度，制定出24项相关制度及流程表单，规范了研究所制度管理。新增包括知识产权评估备案管理办法、专利分级管理办法、对外投资管理办法等12项管理制度，修订科研项目和科研经费管理办法、用印审批单、仪器采购合同等12项制度及表单。

（2）培养了一批高水平的知识产权及标准体系管理人员。贯标之前，水生所只有1名专职的知识产权管理人员。实施贯标后，2019年通过组织承办中科院2019年《科研组织知识产权管理规范》内审员培训班（武汉站），培训101名学员，产生水生所内审员67名（含1名所领导、4名中层领导、8名管理及支撑人员、54名科研人员），大大扩展了研究所的知识产权专业人才队伍。

（3）实施贯标后，2019年研究所申请专利32件，发明29件、实用新型3件；授权49件，发明34件、实用新型14件、外观设计1件，授权发明专利比率提升8%。值得一提的是，外观设计专利是水生所首次获得。申报白鱀豚淇淇商标注册保护（首次申报）、水生所商标注册（续展），申报水生所LOGO版权保护（首次申报），拓宽研究所知识产权保护范围，规避潜在的知识产权侵权风险、促进价值实现，获批2020年湖北省知识产权转化引导与发展专项（知识产权运用示范工程）软课题项目项目资助。

（4）建议在贯标的过程中，单位领导要重视，全员要参与，如果没有体系建设经验，需要与辅导机构合作，可以少走弯路。要建立一支专业化的队伍，加强与院外兄弟单位的合作交流，结合研究所实际工作情况开展，量体而行，建立适宜研究所自身的知识产权管理体系。

水生所也将在今后的知识产权管理工作实践中，积极探索，结合特色所目标和承担项目的情况及成果类型，不断完善相关管理制度，优化研究所知识产权创造的激励机制，健全研究所知识产权管理组织，完善知识产权体系建设，提高知识产权工作管理水平，促进研究所的发展。

第五节　提升科研效率、规范全过程管理、促进研究所长远发展
——中国科学院上海硅酸盐研究所知识产权管理体系建设案例

一、单位简介

中国科学院上海硅酸盐研究所（以下简称上海硅酸盐所）渊源于1928年成立的国立中央研究院工程研究所，1953年更名为中国科学院冶金陶瓷研究所。1959年独立建所，定名为中国科学院硅酸盐化学与工学研究所，1984年改名为中国科学院上海硅酸盐研究所。经过90多年的发展，上海硅酸盐所现已发展成为集材料前沿探索、高技术创新、产业应用为一体的国际知名无机非金属材料研发机构，形成了"基础研究—应用研究—工程化、产业化研究"有机结合的较为完备的科研体系。

上海硅酸盐所的定位是始终坚持面向世界科技前沿、面向国家重大需求、面向国民经济主战场的有机统一，以无机非金属材料学科发展为特色，以国民经济建设和国家重大工程建设需求为牵引，着力加强材料研究与工程研究相结合，材料研究与系统开发相结合，自主研发和联合合作相结合，保持定位导向明晰、学科特色鲜明、领域优势突出，不断产生可复制、可

许可、可转移的成套技术，不断形成经得起实践和历史考验的科技成果，率先建设成为国际一流的无机非金属材料研究机构。

研究所主要的学科方向是先进无机材料科学与工程，研究领域覆盖先进结构陶瓷、功能陶瓷、透明陶瓷、陶瓷基复合材料、人工晶体、无机涂层、能源材料、生物材料、纳米材料、古陶瓷以及无机材料性能检测与表征等，是国内外相关领域科学研究单位中门类最为齐全的研究机构。研发单元包括1个国家重点实验室、4个中国科学院重点实验室、4个上海市工程技术研究中心、3个所立应用工程研究中心、1个成果自主孵化的中试基地、1个综合测试服务平台。

上海硅酸盐所拥有长宁园区、嘉定园区和太仓园区，形成了"对外交流窗口—新材料研发中心—产业孵化基地"的完整科技产业发展体系。现有在职职工760人，其中专业技术人员682人，中国科学院院士2名，中国工程院院士3名；研究所是硕士、博士学位授予单位，在读学籍研究生484名，其中博士264名；所级联合培养125名、课题组联合培养148名，总规模为757名。研究所设有博士后流动站，博士后29人。

历年来，上海硅酸盐所累计取得科技成果近1200项，获得国家、中国科学院、上海市等省部级以上各类科技奖项423项，其中国家发明奖30项，国家自然科学奖9项，国家科技进步奖16项；申报专利3602项，批准专利1941项。该所主办发行的《无机材料学报》已进入核心学术期刊，连续多年入选"中国国际影响力学术期刊"；与自然出版集团合作出版的《npj-计算材料学》（*npj Computational Materials*）是中国首个"自然合作期刊"（Nature Partner Journal，NPJ），被SCI、DOAJ、Scopus等收录，2019年影响因子9.200，计算材料领域国际排名第一。

二、贯标背景

上海硅酸盐所紧密围绕中科院"率先行动"计划、上海科创中心建设，围绕先进制造、能源、信息、环境与健康、国防工业等重点应用领域，聚焦"三重大产出"，在基础与前瞻性研究、高技术研究、产业化关键技术与成果转化等方面取得一系列具有重要影响力的研究成果，为国家安全、国民经济建设以及社会进步做出了重要贡献。

随着知识经济的兴起，知识产权已成为市场竞争力的核心要素。知识产权管理是科研院所管理的重要组成部分，科研院所作为科研创新的主体，也是知识产权创造、运用、管理和保护的主体，增强和提高研究所知识产权管理和保护工作水平，既可以促进研究所的技术创新，又可以提高竞争力，是增强科研创新能力的重要保证。

由国家知识产权局起草制定的《科研组织知识产权管理规范》（GB/T 33250—2016）是一套定制的管理体系，是推荐性的国家标准，它的核心主旨就是提高科研院所的知识产权管理能力，服务于科技创新。

为了落实知识产权强国战略和《中国科学院促进科技成果转移转化专项行动》，上海硅酸盐所作为中国科学院首批试点服务国民经济主战场的特色研究所，较早地开展了贯彻《科研组织知识产权管理规范》国家标准的准备工作，逐步建立了研究所特色知识产权管理体系，希望通过贯标达到以下目的。

（1）提升研究所科研人员知识产权意识，充分调动科研人员发明创造的积极性，激励研究所自主创新。

（2）规范研究所研发、经营各个环节的知识产权管理，提高知识产权创造、管理、运用和保护水平。

（3）明确科研目标，提升管理效率，促进发展。

（4）增加研究所经济收益、规避经营风险。

上海硅酸盐所设有职能部门和业务部门，其中知识产权办公室作为知识产权工作的归口管理部门，挂靠在科技发展部科技产业处，并配有专职知识产权管理人员。研究所的知识产权类型包括名称、标识、域名、商标、著作、专利、技术秘密等，具体管理由各业务相关的职能部门负责。业务部门负责科技研发，是知识产权产出的主要部门。业务部门有11个研究中心，各中心部门负责人对本部门知识产权工作负主要领导责任，负责拟定中心知识产权目标与规划并组织实施；各个中心由课题组组成，课题组组长对本部门知识产权工作负主要领导责任，负责所承担科研项目的知识产权管理，课题组设有知识产权管理员，负责协助课题组组长完成课题组知识产权管理工作。目前研究所有 8 名院级知识产权专员，54 名所级知识产权专员。各职能部门和业务部门共同配合，实现研究所各类科研成果的全面保护。

三、体系建立

上海硅酸盐所为做好贯标工作，于 2018 年 9 月启动了关于知识产权贯标工作的讨论，深入探讨了知识产权体系建立对于研究所未来长远发展的深刻意义。会议明确了由所长宋力昕担任最高管理者，由知识产权业务主管所领导王东担任管理者代表。因为研究所已建立质量管理体系，会议确定由科技产业处牵头，协同质量处共同推进知识产权贯标工作。知识产权办公室顶层设计知识产权体系建设框架，并与各职能部门、业务部门共同研讨确定最终的研究所知识产权体系建设方案。为更好地推动知识产权体系的建立，成立了由所长担任主任的上海硅酸盐研究所知识产权管理委员会和由业务主管所领导及各部门联络人员组成的工作小组。

上海硅酸盐所的学科领域包含基础研究和应用研究，为了贯标工作顺利开展并树立典型，从基础研究和应用研究分别选择一个领域进行体系的推广。"十三五"期间，研究所在新能源领域成果推广、生物材料应用示范等方面取得重大进展。2017 年，钠镍电池技术以 5500 万元现金+500 万元作价入股实施转化；水系钠离子电池技术获软银中国 1.3 亿元 A 轮投资；自主研发的生物涂层材料在人工骨植入和牙齿种植企业进行批量应用。在技术产业化的过程中，研究所在知识产权保护方面积累了一定的经验基础，为更好地将技术产业过程中的经验推广到基础应用研究中，实现基础应用研究技术成熟后向产业发展的跨域，提升研究价值，于是分别选择研究所的新能源材料和生物材料进入知识产权管理体系范围。

知识产权办公室在最高管理者和管理者代表的支持下，迅速召开启动会，并在前期标准研读和业务调研的基础上，拟定贯标方案、组织方法和时间节点等，确定辅导机构，及时开展调查诊断工作。

按照《科研组织知识产权管理规范》，诊断科技发展部、综合办公室等11个部门的基本信息，涉及制度、程序文件、记录文件等信息。根据诊断结果，分析研究所现在的知识产权管理运行情况、具体事务的管理模式。分析发现研究所制度和表单较多，各项业务的管理文件基本存在，主要问题是大部分业务未与知识产权关联管理，或部分管理缺失，所以在下一步的体系构建和文件编写过程的指导思想是以优化为主，并将诊断分析结合研究所的管理模式，确定知识产权体系的组织架构。

经知识产权管理委员会讨论并最终由所长确定了研究所的知识产权方针：优化目标、提升效率、规范管理、促进发展，并在全所发布。

体系构建过程中，首先根据研究所制订的知识产权目标，对照规范条款进行目标任务的分解，主管所领导分别与组织架构内的各职能部门进行任务的确定。知识产权办公室对规范条款进行重新解读，各职能部门分别根据条款对各部门业务管理过程进行完善，并细化各部门知识产权目标。

知识产权管理手册作为知识产权管理的指导性文件，由知识产权办公室撰写，所长审批发布。各部门与知识产权办公室共同根据条款核对完善后的管理文件并确定文件种类，管理文件主要以制度文件为主，程序文件为辅，记录文件主要是在原有基础上的内容的增减，新增部分记录文件。

在体系构建过程中，中科院知识产权研究与培训中心组织知识产权体系内审员培训，上海硅酸盐所承办2019年第一期，组织培训102人，其中本所人数79人，包括所中高层、科研人员及各部门知识产权专员、联络员等，其中所长、党委书记、纪委书记和三位副所长都参加了考试。经过此次培训，培训人员除了学习基础理论知识外，还进行了内审的实操训练，大大提升了全所的知识产权意识。在后续业务开展时，沟通效率也有明显提升。

2019年6月，在文件编写完成后，上海硅酸盐所进行了全所宣贯与培训，知识产权管理体系进入试运行。各职能部门与业务部门协同配合，共同完成相关工作。

在体系构建和运行过程中，所长与主管所领导分别在多种场合与职能部门人员、各中心和课题组科研人员多次强调贯标工作对研究所未来长远发展规划的重要性，并时刻关注体系建设的进度，定期听取工作汇报。

在党的主题教育"不忘初心，牢记使命"活动中，主管所领导在中层以上管理和业务骨干培训班进行了知识产权体系建设的专题培训，并在基层支部专题党课上，结合科技发展规律和研究所的使命阐述了高效科研与知识产权体系建设的关系。在体系建设过程中，所领导经常深入一线，与知识产权贯标体系范围内的课题组负责人和知识产权专员进行座谈，听取课题组组长的意见，收集建议，记录困难。座谈会后，将课题组收集的建议反馈到各职能部门，及时调整体系建设方案和文件；并根据课题组提出的困难，组织知识产权办公室及相关部门进行讨论，及时解决，保证体系实施的顺利进行。

四、体系实施与持续改进

2019年8月底，体系运行接近三个月，为了检查知识产权体系试运行的情况，确保知识产权管理体系运行的有效性和适宜性，由知识产权办公室制定内审计划，邀请外部专家进行技术指导，知识产权专员参与，联络员对接，对研究所的知识产权体系进行内部审核，审核发现多处需要改进的内容。

内审之后，相应部门与知识产权办公室对不符合项进行问题分析，及时对问题进行整改，出现困难及时按层级汇报，中高层领导及时协调解决。

知识产权办公室根据审核计划组织召开管理评审，由所长主持，各部门负责人参会，由各部门分别向所长汇报体系运行情况，所长听取汇报后，重点关注资源的充分性及改进建议，并要求各部门务必在现场审核之前完成相关工作的推进。

知识产权办公室在体系整改基本完成之后，及时与中知（北京）认证有限公司联系，确定了认证机构，并协调确定了现场审核时间。确定现场审核之后，知识产权办公室根据各部门任务量、审核组的审核计划，确定了具体的审核安排、参会人员和联络人员等,为现场审核做好事前准备。

在最终审核之前,所长再次召开了知识产权管理委员会的会议。为提高全所的重视程度,会议开始之前,全部参会领导进行知识产权体系考试,此次考试严格要求为 90 分合格(满分 100 分)。会上所长再次强调了知识产权体系建设工作对研究所科技创新发展的重要性,希望全体中高层领导重视并做好准备。会后全所其他人员参加了系统答题。

2019 年 11 月 27 日,中知(北京)认证有限公司的审核组进场,所领导及各部门领导全员参与,并密切关注审核进展,最终历时 2 天,现场审核顺利完成。2019 年 12 月 2 日,中知(北京)认证公司认证决定上海硅酸盐所的知识产权管理体系符合《科研组织知识产权管理规范》(GB/T 33250—2016)国家标准,批准注册,并向上海硅酸盐所签发了《知识产权管理体系认证证书》,认证范围覆盖上海硅酸盐所生物医用材料与组织工程、生物纳米材料、生物材料表面与界面、生物复合材料、固态二次电池材料与器件、燃料电池材料与系统、绿色光电转换技术的科学研究、技术开发、成果转化的知识产权管理。上海硅酸盐所是上海地区首家通过《科研组织知识产权管理规范》(GB/T 33250—2016)国家标准认证的科研机构。

五、体系所取得的成效

上海硅酸盐所的知识产权管理体系内容包含知识产权运营、知识产权管理、人员管理、科研项目管理、信息管理、科研设施管理、合同管理、纠纷管理等部分,初步形成较为完善的管理架构。在推行过程中,基本实现全流程覆盖,为研究所知识产权体系的持续改进和后续建设奠定了基础。

此外,上海硅酸盐所的主要知识产权类型是专利,通过体系建设,帮助课题组更好地分析涉及背景技术的现状,深度了解技术发展趋势,关注竞争对手的动态发展,寻找潜在合作伙伴,有助于实验室阶段具有一定成熟度的技术向市场转化,服务产业,实现社会价值。例如,2017 年研究所的水系钠离子电池技术转化后,课题组再次进行了相关技术的专利分析,制定了下一步面向市场应用的技术研发规划方案。2019年，课题组又成功研发出锌离子电池技术，并成功作价6000万元，由合作企业继续投入经费进行技术放大和产业化。

通过《科研组织知识产权管理规范》国家标准的贯彻实施，上海硅酸盐所初步建立起系统、科学、规范的知识产权管理体系，并在以下8个方面得到显著增强。

（1）通过提升专利质量，规范研究所名称、标识的使用，开展分级管理等措施，加强了知识产权保护，有效规避风险。

（2）通过进一步梳理研究成果的奖励机制，与员工及学生签订书面协议，明确了职务发明归属以及员工的权利与义务。

（3）通过专利导航工作与科研项目管理结合，提升科研工作的效率与执行质量，有助于科研创新发展。

（4）通过加强采购合同管理和固定资产的管理，强化对科研设施的管理，避免技术秘密的流失，也避免侵犯他人知识产权。

（5）把原有科技成果转化的制度与合同管理结合，完善转化过程管理，使科技成果转化流程更加规范，降低国有资产的流失风险。

（6）建立并完善技术秘密管理工作机制，将技术秘密的管理落实到制度上，丰富创新研发成果的类型，使科研技术的保护更加全面有效。

（7）加强论文的审批管理、信息披露管理等，防止技术秘密泄露。

（8）建立知识产权经常性预算，使知识产权费用成为研究所年度预算固定项，为知识产权工作提供有力保障。

作为中科院第一批试点单位之一，上海硅酸盐所在贯标实践中不断地探索和总结，以下几点建议可提出供大家参考和讨论。

（1）体系建立贴合研究所的发展规划，根据研究所的学科特点与功能定位，确定知识产权体系建设内容的侧重点，不能刻板地按照规范条款教条式地执行，否则会导致精力浪费且效果一般。

（2）体系建设过程中，所领导的重视与支持、参与和指导显得尤为重要，所长重视和主管所领导支持，各部门的职责权限会更明确，体系建设的目标就更清晰；此外，主管部门负责人的业务熟悉程度也十分关键，负责人对业务清晰，将有助于协调各个部门工作，保证工作顺利开展与执行。

（3）每个研究所的学科方向、管理架构各具特点，所以会有一些管理上的差别，不同业务过程的体量和复杂程度也有差别。因此，在体系建设过程中，要将各个管理过程与本所的实际情况相结合。体系建设是个逐渐积累的过程，尤其要结合科研工作人员的实际情况，有节奏地推进，切勿一下子将所有规章制度的要求定得过高，否则将不利于制度落地，甚至还可能出现反作用。

（4）在体系建设过程中，各部门负责人、知识产权专员及部门联络员的支持也起到非常重要的作用。各部门负责人和联络员对本门的业务才是最熟悉的，在文件完善的过程中，能够结合本部门业务对照条款要求，提出行之有效的落地方案与建议。在贯标工作落实过程中，知识产权专员的专业知识与技能能够与本课题组的学科背景相结合，起到关键的桥梁纽带作用，为体系建设贡献了重要力量。

第六节　优化知识产权布局，合理保护创新成果，有效推进科技成果的转移转化
——中国科学院苏州纳米技术与纳米仿生研究所知识产权管理体系建设案例

一、单位简介

中国科学院苏州纳米技术与纳米仿生研究所（以下简称苏州纳米所）是由中科院、江苏省、苏州市和苏州工业园区共同出资建设的国家级科研机构。2006年筹建，2009年正式验收。2010年11月，二期建设奠基开工，2014年，纳米真空互联实验站开工建设，苏州纳米所建设掀开了新的

篇章。

苏州纳米所建有江苏省纳米器件省部共建国家重点实验室（培育基地）和中科院纳米器件与应用重点实验室、中科院纳米生物界面重点实验室和多功能材料与轻巧系统重点实验室等4个院重点实验室。

苏州纳米所面向国家重大战略需求，深度参与国家创新体系，布局了四个"重大突破"方向：印刷电子关键材料与技术，以发展印刷电子全产业链技术为基本目标，以市场需求为导向，以开发工程化技术为重点，突破纳米电子墨水的批量化制备、可印刷光电子器件、新型柔性可穿戴电子、喷墨打印头等关键产业技术。

高性能纳米碳材料绿色多级制造，以高强、高导电、高导热纳米碳材料需求为牵引，通过关注碳纳米管和石墨烯宏观结构的组装方式和绿色制造工艺对其力学、电学和热学性能调控的科学问题，探索以纳米碳材料为单元的跨尺度结构设计与组装加工新原理与新技术；优化纳米碳材料及其宏观结构的绿色制备技术，开发纳米碳材料表面改性工艺，提高界面电子与声子的输运效率，实现纳米碳材料多尺度、多级次的有效复合。

第三代半导体氮化镓材料与器件及应用，面向国家战略新兴显示产业发展需求，突破大尺寸、低位错密度的氮化镓单晶衬底和氮化镓基蓝绿光激光器的产业化关键技术，支撑激光显示等重大应用，整体达到国际先进、国内领先水平。

面向国家重大需求，突破彩色高清、高亮度氮化镓基激光微型显示的关键技术，在可穿戴产品中得到应用；突破超高灵敏度太赫兹外差探测和高效固态太赫兹光源的关键技术，达到国际先进、国内领先水平，在太赫兹成像、通信中作为核心部件实现应用。

纳米真空互联实验站，建设瞄准纳米材料与器件中表面态/界面态的核心物理问题，建成目前世界上规模最大、功能最全的超高真空环境下的集材料生长、器件工艺、测试分析于一体的综合互联系统，更有效探索材料、器件的本征性质。

形成了五个"重点培育方向"，即纳米能源转化与存储技术围绕提高可再生能源应用、降低碳排放的国家目标,针对能量转化与存储重大需求,研发新型高效的光伏与锂电材料及器件;纳米技术与干细胞围绕阿尔茨海默病与脊髓损伤,利用微纳技术,构建三维培养体系,通过胞外因子梯度分布与缓释,揭示微环境因素对神经干细胞增殖、分化与发育影响;体外诊断与转化医学面向临床需求,建立新型实用化体外诊断技术平台、发展相关成套自动化检测系统,实现转移转化,并积极推广临床应用;仿生智能材料与器件基于仿生理念,研究学习自然、高于自然的仿生智能材料与器件应用,力争成为国际一流的纳米仿生学研究基地;量子芯片集成微系统完成芯片级量子器件微系统制造的基本条件建设,开发独立自主的设备及工艺技术。实现量子芯片代表器件批量化制造。

苏州纳米所围绕区域产业发展需求,布局主要研究领域。建设了纳米加工、测试分析、纳米生化、喷墨打印四个开放共享的纳米技术公共平台,服务科学研究和产品开发,吸引聚集了一大批研究机构和企业入驻苏州工业园区,为地方产业升级转型提供了平台支撑。

苏州纳米所在创建和发展过程中将紧密结合知识创新、技术创新与区域创新,面向区域经济社会发展的需求,与国家创新体系各单元联合合作,推进科技成果转移转化,融入经济社会创新价值链。将科技创新与创新创业人才培育相结合,加强与有关大学的联合合作,构建结构合理、创新能力卓越的研究队伍,培养研究生,面向社会开展多形式多层次人员培训,成为相关专门技术人才的培养培训中心。院地共建与国际合作相结合,与世界一流的研究机构及企业建立紧密的战略合作关系,广泛集聚知识、技术、人才等各类创新要素,在经济全球化与知识经济快速发展的背景下开展科技创新。

二、贯标背景

贯彻和实施《科研组织知识产权管理规范》(GB/T 33250—2016),对引导科研组织建立规范的知识产权管理体系,充分发挥知识产权在科技创新过程中的引领和支撑作用,对于激发广大科研人员的创新活力、增强科研组织创新能力具有至关重要的意义。为了进一步落实知识产权强国战略和《中国科学院促进科技成果转移转化专项行动》，中国科学院组织贯彻《科研组织知识产权管理规范》，32家院属单位于2020年年底之前完成贯标。苏州纳米所作为首批贯标单位之一，积极响应中国科学院号召，结合自身发展需求、创新方向，积极主动开展知识产权贯标工作。

苏州纳米所在知识产权管理及运营方面已经建立了一套从研发到运营转化的全过程的知识产权管理体系，出台了包括《知识产权管理办法》《科技成果转移转化实施及奖励办法》《对外投资管理暂行办法》《代理机构考核评监督办法》等内部规范，但对照《科研组织知识产权管理规范》，日常知识产权管理工作仍有不到位和疏漏之处：（1）在学生管理方面，只在学生入所时进行知识产权培训，学生进入项目组时未能形成知识产权提醒记录；（2）论文发表前的审批不够充分，论文涉及的技术是否需要进行知识产权保护及保护方式未作准确性记载；（3）科研设施可能涉及的知识产权问题在原有工作中重视程度相对薄弱，尤其采购涉及知识产权的科研设备时，未对供应商的知识产权状况进行审查。

在此工作现状之上，苏州纳米所以知识产权贯标为契机，依据《科研组织知识产权管理规范》，对研究所现有知识产权管理制度及知识产权管理各业务环节流程进行梳理和诊断，制定适合研究所发展的知识产权管理方针和目标，并建立了完善的、可持续改进的知识产权管理体系，旨在强化研究所全过程知识产权管理，增强研究所技术创新能力，提升知识产权质量和效益，促进知识产权的价值实现。

三、体系建立

苏州纳米所根据自身的实际情况，充分利用现有的管理体系和管理制度，有效协同贯彻《科研组织知识产权管理规范》，建设知识产权管理体系，避免为贯标而贯标，切实提高管理水平。

体系建设过程中，工作筹备、调查诊断、文件编写、宣传培训等各阶段完成的主要工作如下。

1. 工作筹备

（1）启动研究所贯标工作，所务会请示组建贯标团队，包括贯标领导小组、协调小组、工作小组；（2）初步筛选并确定辅导机构、签订合同；（3）所级知识产权专员征集；（4）组织召开贯标启动会，确定研究所知识产权方针和目标。

2. 调查诊断

（1）对研究所现有知识产权工作内容进行初步梳理；（2）与贯标辅导机构沟通制定调查诊断工作计划，拟定问卷调查表和现场诊断方案；（3）整合诊断结果，对照标准，列出问题，明确重点，制定文件编写和体系构建方案。

3. 文件编写

（1）收集程序文件、记录文件；（2）根据知识产权方针、目标和调查诊断结果，编写知识产权手册。

4. 宣传培训

组织各相关部门对所涉及的体系文件进行培训和学习，确保相关人员能够了解并遵守关于知识产权工作的新要求，了解各自在知识产权方面的岗位职责以及体系运行的重要性。

（1）协助中科院知识产权研培中心举办《科研组织知识产权管理规范》内审员培训和考试；（2）组织新入所员工知识产权培训；（3）指导、宣贯培训；（4）召开贯标研讨会，邀请专家进行贯标指导；（5）参加中科院贯标工作交流会。

四、体系实施与持续改进

1. 试运行

研究所建立知识产权管理体系后，开始为期三个月的体系试运行，使知识产权相关的各岗位和环节进入知识产权管理体系设定的流程规范，并在试运行过程中，及时调整研究所知识产权管理体系运行不适宜的部分，确保研究所在满足标准的要求下，顺利开展相关工作。

2. 内部审核

知识产权体系试运行一个月后，策划研究所内部审核。内部审核的目的在于检查苏州纳米所知识产权管理体系运行的适宜性和有效性，考核知识产权管理方针、管理目标的运行情况，以实现知识产权管理体系的持续改进。内部审核范围包括：最高管理层、技术转移中心、科技处、综合办公室、人力资源处、资产条件处、研究生部、各科研部门（先进材料部、国际实验室、生物医学部、器件部）。具体内部审核工作主要包括以下几点。

（1）确定内审员，从取得内审员考试合格证书的人员中选择，以贯标工作小组成员为主；（2）拟定内部审核计划及各部门内部审核检查表；（3）举行首次会议，告知审核目的、审核范围以及审查表的填写要求；（4）内审员按照审核计划进行内部审核，填写内部审核检查表；（5）举行末次会议，总结内部审核结果，确定不符合项，制定内审不合格项分布表和内部审核报告。

3. 管理评审

管理评审的目的在于对苏州纳米所的知识产权管理体系的适宜性和有效性进行分析和评价，检查内审结果及纠正措施落实情况，使管理体系得到有效建立、运行和持续改进。管理评审内容包括：（1）知识产权方针、目标的适宜性；（2）为知识产权管理体系运行提供的资源保障的充分性；（3）知识产权基本情况；（4）2019年知识产权体系内部审核结果，并提出纠正措施和改进建议。

4. 外部认证

对内部审核中的不符合项进行改进，确保符合标准的要求，且体系运行期满三个月后，向中科院知识产权运营管理中心及认证机构提出初次外部认证，以评价研究所管理体系的实施情况，包括体系的有效性，从而确定是否推荐认证。外部认证过程主要包括以下工作：（1）确定认证机构，提出认证需求，并准备初次认证申请材料；（2）确定认证范围、签订认证合同及廉洁协议书；（3）请认证机构提供现场认证计划书，并按照计划书的要求提前准备现场认证所需材料;(4)举行首次会议,由审核组告知审核要求、审核活动安排等;(5)审核组按照审核计划进行现场审核,审核结束后举行末次会议,总结审核结果,并确定不符合项及建议项,纳米所的不符合项为:未能提供学生进入项目组时进行知识产权提醒的记录,不符合《科研组织知识产权管理规范》(GB/T 33250—2016)"6.1.5 学生管理 b)学生进入项目组,应进行知识产权提醒"的规定;(6)针对不符合项提出纠正措施实施计划,由认证机构审核通过后推荐认证、发放知识产权管理体系认证证书。

经验分享:(1)领导的重视和支持是贯标各项工作顺利推进的保障;(2)院所两级知识产权专员网络是完成贯标的中坚力量;(3)辅导机构的经验和专家的指导为贯标提供有力支撑。

五、体系所取得的成效

苏州纳米所依据《科研组织知识产权管理规范》,建立并完善了研究所知识产权管理体系,明确了各部门管理职能,有针对性地调整管理方式,具体改进体现在以下几个方面:(1)研究所知识产权管理职能过度集中在技术转移中心,导致知识产权管理职责与各部门实际工作出现偏差,通过知识产权贯标,将知识产权目标分解到各个管理部门及科研部门,便于考核的同时,也使其管理职责与实际工作相互融合。(2)科研设施可能涉及的知识产权问题在工作中的重视程度相对薄弱,采购科研设备时的知识产权审查停留在课题组或研究部相关负责人,其审查力度和可靠性不够高,且缺少针对设备采购供应商的相关知识产权审查,通过知识产权贯标,资产条件处修改了研究所采购管理办法,明确了科研设备采购前的审查职责,完善了采购流程。(3)研究所的6个对外开放的公共服务平台所涉及的部分用户信息及用户在使用公共平台时形成的知识产权和科学数据管理,仅依靠平台的相关管理规范,而其中涉及知识产权部分的规定并不完善,与研究所的整体知识产权管理制度略微割裂,通过贯标,明确了各公共服务平台在设备使用过程中形成的知识产权归属,及产生的科学数据的管理要求，规定平台用户在发表论文等成果时标注利用科研设备的情况。（4）在进行委托开发或合作开发时，相关技术合同审批表缺少对知识产权条款的审核情况记录，导致技术合同已进行知识产权条款审查，但并未形成记录，通过知识产权贯标，改进了合同审批表，添加了合同知识产权条款审核内容，以减少审核管理过程中的疏漏。

苏州纳米所通过建立与自身情况相适应的知识产权管理体系，制定知识产权发展战略、工作方针和目标，安排具体部门组织实施，保障体系有效运行的同时，优化了知识产权布局，将知识产权融入科研项目的全过程管理，合理保护创新成果，培育高价值核心知识产权。同时，建立了覆盖课题组的兼职知识产权专员管理网络，结合研究生培养和职工继续教育，完善了培训体系，培养了一批熟悉科研、市场、法务和金融知识的专业化管理和运营人才，积极开展知识产权运营工作，有效推进科技成果的转移转化。

苏州纳米所在创建和发展过程中始终紧密结合知识创新、技术创新与区域创新，面向区域经济社会发展的需求，与国家创新体系各单元联合合作，推进科技成果转移转化，融入经济社会创新价值链。建立科学、规范、有效的知识产权管理体系是实现研究所发展目标的重要保障，研究所将以通过知识产权贯标认证为契机，进一步强化知识产权创造、管理、保护、运用能力，有效提升研究所的综合竞争力。

主要参考文献

[1] 秦雪，孙志成．浅论科研院所知识产权管理中的问题、原因与对策［J］．中国对外贸易（英文版），2010（14）．

[2] 郭晋佩．科研院所科技成果和知识产权转化运用问题探究［J］．科学技术创新，2017（30）．

[3] 杨善林，郑丽，冯南平，等．技术转移与科技成果转化的认识及比较［J］．中国科技论坛，2013（12）．

[4] 苏国华，陈峰．科研院所知识产权管理及运营探析［J］．中国发明与专利，2019（7）．

[5] 郭艳君．激发科研院所创新活力研究［J］．中国集体经济，2019（21）．

[6] 万小丽．知识产权战略实施绩效评估中的专利质量指标及其作用研究［J］．科学学与科学技术管理，2019，30（11）．

[7] 肖尤丹，刘海波，贺宁馨．科研机构知识产权管理创新研究——以中国科学院为例［M］．北京：科学技术文献出版社，2017．

[8] 王文强．浅议科研院所知识产权发展战略研究［J］．科技创新导报，2015（29）．

[9] 刘彤，郭鲁刚，等．以新型科研机构为导向的科研院所创新发展评价指标体系研究［J］．科技管理研究，2014（1）．

[10] 刘勤，张熠，等．基于元认知的科研组织知识产权规范管理研究［J］．科技管理研究，2017（24）．

[11] 宋河发．科研机构知识产权管理［M］．北京：知识产权出版社，2015．

附录 科研组织知识产权管理相关政策汇编

科研组织为有效开展知识产权管理体系建设，需要及时收集国家有关科研单位知识产权管理的政策，并深入解读。现根据《科研组织知识产权管理规范》（GB/T 33250—2016）涉及的内容，摘录部分科技政策文件，供读者参考。

附录1 《关于加强国家科技计划知识产权管理工作的规定》

科学技术部关于印发《关于加强国家科技计划
知识产权管理工作的规定》的通知

国科发政字〔2003〕94号

各省、自治区、直辖市、计划单列市、副省级城市科技厅（委、局），国务院各部委、各直属机构，新疆生产建设兵团，各有关单位：

为加快实施专利战略，进一步加强国家科技计划的知识产权管理工作，充分发挥知识产权制度对国家科技计划的引导、保障和激励作用，切实提高我国自主知识产权的总量，促进国家科技计划项目在高起点上创新，实现技术跨越发展，科技部研究制定了《关于加强国家科技计划知识产权管理工作的规定》。现印发给你们，请认真贯彻执行。对于在执行中出现的问题，请及时与我部联系。

附件：关于加强国家科技计划知识产权管理工作的规定

科学技术部

二〇〇三年四月四日

附件：

关于加强国家科技计划知识产权管理工作的规定

为了加快实施专利战略，充分发挥知识产权制度对国家科技计划的引导、保障和激励作用，促进国家科技计划项目在高起点上创新，实现技术跨越发展，现就加强国家科技计划知识产权管理工作做如下规定：

一、在国家科技计划项目的申请、立项、执行、验收以及监督管理中全面落实专利战略。各类科技计划应当根据各自特点确定知识产权目标，把专利权、植物新品种权、计算机软件著作权、技术秘密等知识产权的取得、保护和运用，作为科技计划管理的重要内容。

科技行政管理部门、科技计划管理单位（包括科技行政管理部门内的计划管理机构、受科技行政管理部门委托管理科技计划项目的组织等）、科技计划项目承担单位，以及参与项目实施的个人，应当按照本规定的要求，强化知识产权意识，提高管理水平，明确职责和任务，切实做好计划项目的知识产权管理工作。

二、科技行政管理部门编制科技计划项目指南时，对于明确提出技术指标要求的重点领域，应委托有关机构对国内外（包括主要国家和地区、主要研究机构和企业等）的知识产权状况进行调查，形成调查分析报告，作为制定发布指南的依据和确定项目研究开发路线的参考，避免研究开发盲目性和重复。

知识产权调查和分析报告向项目申请单位公开。

三、科技计划项目申请单位应当具备完善的知识产权管理制度，有专门的机构或人员负责知识产权事务，有用于知识产权管理和保护工作的专门经费，并为应用开发类申请项目指定专门的知识产权协调员。

上述规定作为受理项目申请的必要条件，申请单位在申报项目时一并提交相关材料和情况。

四、申请国家科技计划项目应当在项目建议书中写明项目拟达到的知识产权目标,包括通过研究开发所能获取的知识产权的类型、数量及其获得的阶段,并附知识产权检索分析依据。

五、科技行政管理部门应当把知识产权作为独立指标列入科技计划项目评审指标体系,合理确定知识产权指标在整个评价指标体系中的权重。

科技计划管理单位组织项目评审时,应根据需要聘请知识产权专家参加,或者委托知识产权中介机构,对同一项目申请者的知识产权目标可行性进行汇总和评估,并将评估结果作为项目评审的依据。

对批准立项的项目,应在项目合同或计划任务书中明确约定项目的知识产权具体目标、任务。

六、科技行政管理部门在下达任务书或签订合同时,对涉及国家安全、国家利益和重大社会公共利益的项目,应当明确约定国家对研究成果拥有的权利,并指定机构负责成果及其知识产权的管理,同时保障研究开发人员根据法律法规和政策应当享有的精神权利、奖励和报酬。

七、国家科技计划项目下达后,项目承担单位应当按照以下要求加强相关知识产权管理工作:

(一)指定专人负责项目的知识产权管理工作,并根据需要委托知识产权中介机构代理知识产权申请保护事宜。

(二)对项目执行中形成的资料、数据的保管和使用,专利申请、植物新品种登记、软件登记等保护手续的履行等,承担单位应当做出明确规定,使项目实施各阶段所产生的各种形式的成果能够及时、准确、有效地得到保护。对可能形成专利的科研项目,承担单位要建立论文发表的登记审查制度,以保证科研成果能够符合专利审查条件。

(三)对项目的知识产权权属问题做出详细规定,确保国家科技计划项目成果的知识产权权属清晰。内容包括:在单位已有科技成果基础上执行国家项目,国家项目成果与已有成果的界限;项目实施过程中需购入技术的,与技术转让方的权利利益关系;项目实施中与第三方合作或向第三方转委托时,与第三方的权利利益关系等。承担单位为执行项目与第三方签订的技术合同,报科技行政管理部门备案。

（四）在项目执行过程中跟踪该领域的知识产权动态，及时调整研究策略和措施。对以取得自主知识产权为目标的项目，如发生原定技术目标已被申请知识产权保护，失去继续研究价值的，应当报请科技计划管理单位及时向科技行政管理部门报告，重新调整研究开发方案。

（五）安排项目参与人员参加知识产权培训，向有关人员说明项目的知识产权管理政策，并就项目的知识产权归属、资料和数据保管与使用、技术秘密的保密义务等签订协议。

八、科技行政管理部门、科技计划管理单位应当对项目执行中的知识产权管理情况进行监督，并作为中期检查工作的重要内容。科技计划管理单位在中期检查中应当依据合同或计划任务书，对项目承担单位的知识产权工作进行评价，并向科技行政管理部门提交情况报告；报告应当包括总体进展情况、存在的主要问题、应当进一步采取的措施。

九、科技行政管理部门组织项目验收时，应根据需要吸收知识产权专家或者委托知识产权中介机构，以项目合同或计划任务书约定的知识产权目标为依据，对项目的知识产权管理和保护情况做出评价。

项目承担单位在验收时应当提交项目形成的成果的知识产权清单，包括论文、数据、非专利技术的技术秘密保护情况，专利、植物新品种、软件的知识产权申请、审查、登记或授权的法律文件；对项目研发中与第三方的知识产权关系等做出说明。未能完成合同或计划任务书约定的知识产权目标的，应提交情况说明报告。

十、科研项目研究成果取得相关知识产权的申请费用、维持费用等知识产权事务费用，一般由项目承担单位负担。国家科技计划项目经费中可以列支知识产权事务经费，用于专利申请和维持等费用。

经财政部门批准，在国家有关科研计划经费中可以开支知识产权事务费，用于补助负担上述费用确有困难的项目承担单位，和具有抢占国际专利竞争制高点意义的重大专利的国外专利申请和维持费。

对于在国家科技、经济、社会发展有重大影响的科技计划项目成果，要积极利用专利优先审查机制，加快审查速度，依法维护国家利益。

十一、国家科技计划项目研究成果及其形成的知识产权，除涉及国家安全、国家利益和重大社会公共利益的以外，国家授予项目承担单位。项目承担单位可以依法自主决定实施、许可他人实施、转让、作价入股等，并取得相应的收益。

十二、科技行政管理部门应研究制定相关政策措施，对承担国家科技计划项目获得知识产权的质量和数量较高的单位，给予表彰奖励，并在新项目评审中优先安排；建立和完善计划项目知识产权统计和公报制度，为公众提供计划项目成果知识产权信息平台，促进计划项目成果的扩散和应用。

十三、为促进计划项目的产业化开发和应用，科技行政管理部门应引导项目承担单位以计划项目的研究开发为龙头，以向产业领域应用和转移为目的，与相关产业领域的企业建立知识产权（技术）联盟。在研究开发阶段，联盟各单位实施的科技计划项目和自主创新活动实现合理分工，协同配套，约定知识产权分享原则；在获取知识产权后的应用阶段，各单位通过相互许可，为产业发展提供完整的技术权利支撑。

各类科技成果产业化计划、科技型中小企业创新基金等，对知识产权联盟的科技创新活动给予重点支持。

十四、科技行政管理部门应当联合有关部门开展知识产权培训工作。要制定长期培训计划，针对不同对象推动知识产权理论、操作实务、战略应用等方面的培训，对项目实施人员开展基础知识培训和专利说明书撰写等方面的辅导，对知识产权管理人员系统进行管理方法、手段、方案以及知识产权评估等方面的专业培训，对计划管理人员和项目承担单位主要领导普及知识产权法律知识和战略观念等，不断提高计划项目管理和实施人员的知识产权意识，形成一支专业化的知识产权管理队伍。

十五、科技行政管理部门、科技计划管理单位应发挥知识产权中介服务机构的作用，扶持和规范科技查新、分析机构，鼓励有关行业科技信息机构加工采集与本行业有关的专利和非专利技术信息，形成一批为科技计划项目提供高质量服务的重点中介机构，使查新、分析、知识产权申请和保护等工作与科技创新活动实现有机结合。

科技行政管理部门应当建立国家科技计划重点领域和专项知识产权信息库，可以委托科技信息机构、研究机构建设或根据需要新建，跟踪国内外相关知识产权动态，为项目承担单位的知识产权工作提供信息服务。

十六、科技部综合计划部门、政策法规部门根据本规定修改和完善相关科技计划管理制度，并负责监督检查。

附录2 《国家科技重大专项知识产权管理暂行规定》

关于印发《国家科技重大专项知识产权管理暂行规定》的通知

国科发专〔2010〕264号

各有关重大专项领导小组、牵头组织单位，各有关单位：

为了在国家科技重大专项中落实知识产权战略，充分运用知识产权制度提高科技创新层次，保护科技创新成果，促进知识产权转移和运用，为培育和发展战略性新兴产业，解决经济社会发展重大问题提供知识产权保障，根据《科学技术进步法》、《促进科技成果转化法》、《专利法》等法律法规和《国家科技重大专项管理暂行规定》的有关规定，科学技术部、国家发展和改革委员会、财政部、国家知识产权局共同研究制定了《国家科技重大专项知识产权管理暂行规定》。现印发给你们，请遵照执行。

附件：国家科技重大专项知识产权管理暂行规定

科学技术部、国家发展和改革委员会、财政部、国家知识产权局

二〇一〇年七月一日

国家科技重大专项知识产权管理暂行规定

第一章 总则

第一条 为了在国家科技重大专项(以下简称"重大专项")中落实知识产权战略,充分运用知识产权制度提高科技创新层次,保护科技创新成果,促进知识产权转移和运用,为培育和发展战略性新兴产业,解决经济社会发展重大问题提供知识产权保障,根据《科学技术进步法》、《促进科技成果转化法》、《专利法》等法律法规和《国家科技重大专项管理暂行规定》的有关规定,制定本规定。

第二条 本规定适用于《国家中长期科学和技术发展规划纲要(2006~2020年)》所确定的重大专项的知识产权管理。

本规定所称知识产权,是指专利权、计算机软件著作权、集成电路布图设计专有权、植物新品种权、技术秘密。

第三条 组织和参与重大专项实施的部门和单位应将知识产权管理纳入重大专项实施全过程,掌握知识产权动态,保护科技创新成果,明晰知识产权权利和义务,促进知识产权应用和扩散,全面提高知识产权创造、运用、保护和管理能力。

第二章 知识产权管理职责

第四条 科学技术部、国家发展和改革委员会、财政部(以下简称"三部门")作为重大专项实施的综合管理部门,负责制定重大专项知识产权管理制度和政策,对重大专项实施中的重大知识产权问题进行统筹协调和宏观指导,监督检查各重大专项的知识产权工作落实情况。

国家知识产权局和相关知识产权行政管理部门,有效运用专业人才和信息资源优势,加强对重大专项知识产权工作的业务指导和服务。

第五条 重大专项牵头组织单位在专项领导小组领导下,全面负责本重大专项知识产权工作:

（一）制定符合本重大专项科技创新和产业化特点的知识产权战略；

（二）制定和落实本重大专项知识产权管理措施；

（三）建立知识产权工作体系，落实有关保障条件；

（四）对重大成果的知识产权保护、管理和运用等进行指导和监督；

（五）建立重大专项知识产权专题数据库，推动知识产权信息共享平台建设，建立重大专项知识产权预警机制；

（六）推动和组织实施标准战略，研究提出相关标准中的知识产权政策。

各重大专项实施管理办公室应当设立专门岗位、配备专门人员负责本重大专项知识产权工作。

重大专项领导小组和牵头组织单位可以根据需要，委托知识产权服务机构对本重大专项知识产权战略制定和决策提供咨询和服务。

第六条 重大专项专职技术责任人带领总体组，负责组织开展知识产权战略分析，提出技术方向和集成方案设计中的知识产权策略建议，对成果产业化可能产生的知识产权问题进行预测评估并提出对策建议，对项目（课题）的知识产权工作予以技术指导。

各重大专项总体组应当有知识产权专家或指定专家专门负责知识产权工作。

第七条 项目（课题）责任单位针对项目（课题）任务应履行以下知识产权管理义务：

（一）提出项目（课题）知识产权目标，并纳入项目（课题）合同管理；

（二）制定项目（课题）知识产权管理工作计划与流程，将知识产权工作融入研究开发、产业化的全过程；

（三）指定专人具体负责项目（课题）知识产权工作，根据需要委托知识产权服务机构对项目（课题）知识产权工作提供咨询和服务；

（四）组织项目（课题）参与人员参加知识产权培训，保证相关人员熟练掌握和运用相关的知识产权知识；

（五）履行本规定提出的各项知识产权管理义务，履行信息登记和报告义务，积极推进知识产权的运用。

各项目（课题）知识产权工作实行项目（课题）责任单位法定代表人和项目（课题）组长负责制。因未履行本规定提出的义务，造成知识产权流失或其他损失的，由重大专项领导小组、牵头组织单位根据本规定追究法定代表人和项目（课题）组长的相应责任。

第八条　参与项目（课题）实施的研究和管理人员应当提高知识产权意识，遵守知识产权管理制度，协助做好相关知识产权工作。

因违反相关规定造成损失的，应当承担相应责任。

第九条　重大专项实施过程中，应充分发挥知识产权代理、信息服务、战略咨询、资产评估等中介服务机构的作用，加强重大专项知识产权保护，完善知识产权战略，促进重大专项科技成果及其知识产权的应用和扩散。

知识产权中介服务机构应当恪守职业道德，认真履行职责，最大限度地保护国家利益和委托人利益。

第三章　重大专项实施过程中的知识产权管理

第十条　牵头组织单位在编制五年实施计划时，应当组织开展知识产权战略研究，对本重大专项重点领域的国内外知识产权状况进行分析，分析结果作为制定五年实施计划、年度计划、项目（课题）申报指南等的重要参考。

本条第一款规定的知识产权分析内容包括本重大专项技术领域的知识产权分布和保护态势、主要国家和地区同行业的关键技术及其知识产权保护范围、对我国相关产业研究开发和产业化的影响、本重大专项研究开发和产业化的知识产权对策等。

第十一条　项目（课题）申报单位提交申请材料时，应提交本领域核心技术知识产权状况分析，内容包括分析的目标、检索方式和路径、知识产权现状和主要权利人分布、本单位相关的知识产权状况、项目（课题）的主要知识产权目标和风险应对策略及其对产业的影响等。

项目（课题）申报单位拟在研究开发中使用或购买他人的知识产权时，应当在申请材料中作出说明。

牵头组织单位对项目（课题）申报单位的知识产权状况分析内容进行抽查论证。项目（课题）申报单位的知识产权状况分析弄虚作假的，取消其项目（课题）申报资格。

第十二条　牵头组织单位应把知识产权作为立项评审的独立评价指标，合理确定其在整个评价指标体系中的权重。

牵头组织单位应聘请知识产权专家参加评审，并根据需要委托知识产权服务机构对同一项目（课题）申请者的知识产权目标及其可行性进行汇总和评估，评估结果作为项目评审的重要依据。

第十三条　对批准立项的项目（课题），牵头组织单位和项目（课题）责任单位应当在任务合同书中明确约定知识产权任务和目标。

对多个单位共同承担的项目（课题），各参与单位应当就研究开发任务分工和知识产权归属及利益分配签订协议。

第十四条　项目（课题）责任单位在签订子课题或委托协作开发协议时，应当在协议中明确各自的知识产权权利和义务。

第十五条　项目（课题）实施过程中，责任单位应密切跟踪相关技术领域的知识产权及技术标准发展动态，据此按照有关程序对项目（课题）的研究策略及知识产权措施及时进行相应调整。

在项目实施过程中，如发现因知识产权受他人制约等情况而无法实现项目（课题）目标，需对研究方案和技术路线等进行重大调整的，项目（课题）责任单位应及时报牵头组织单位批准。项目（课题）责任单位未进行知识产权跟踪分析或对分析结果故意隐瞒不报造成预期目标无法实现的，由重大专项领导小组、牵头组织单位根据各自职责予以通报批评、限期改正、缓拨项目经费、终止项目合同、追回已拨经费、取消承担重大专项项目（课题）资格等处理。

牵头组织单位发现本重大专项所涉及的领域发生重大知识产权事件，对重大专项实施带来重大风险的，应当及时进行分析评估，制定对策，调整布局，并按规定报批。

第十六条　各重大专项应当建立本领域知识产权专题数据库，作为重大专项管理信息系统的重要组成部分，向项目（课题）责任单位开放使用。鼓励项目（课题）责任单位和其他机构开发的与本领域密切相关的知识产权信息纳入重大专项管理信息系统，按照市场机制向项目（课题）责任单位开放使用。

第十七条　项目（课题）责任单位在提交阶段报告和验收申请报告中应根据要求报送知识产权信息，内容包括知识产权类别、申请号和授权（登记）号、申请日和授权（登记）日、权利人、权利状态等。

第十八条　牵头组织单位应定期对本重大专项申请和获取的知识产权总体情况进行评估分析，跟踪比较国内外发展态势，研究提出下一阶段知识产权策略。

第十九条　在三部门、重大专项领导小组组织开展的监测评估中，应当对各重大专项知识产权战略制定情况、项目（课题）评审知识产权工作落实情况、知识产权工作体系和制度建设情况、项目（课题）责任单位知识产权管理状况、项目（课题）知识产权目标完成情况、所取得知识产权的维护、转化和运用情况进行调查分析，做出评估判断，提出对策建议。

第二十条　知识产权情况是重大专项验收的重要内容之一。

项目（课题）验收报告应包含知识产权任务和目标完成情况、成果再开发和产业化前景预测。未完成任务合同书约定的知识产权目标的，项目（课题）责任单位应当予以说明。

牵头组织单位进行项目（课题）验收评价时，应当以任务合同书所约定的知识产权目标和考核指标为依据，对项目（课题）知识产权任务和目标完成、保护及运用情况做出明确评价。

三部门组织的验收中，各重大专项应当对本重大专项知识产权任务完成情况、对产业发展的影响等予以说明。

第二十一条　参与重大专项实施的各主体在进行知识产权分析、知识产权评估、项目（课题）知识产权验收等环节，应当充分发挥知识产权行政管理部门业务指导作用。

第四章　知识产权的归属和保护

第二十二条　重大专项产生的知识产权，其权利归属按照下列原则分配：

（一）涉及国家安全、国家利益和重大社会公共利益的，属于国家，项目（课题）责任单位有免费使用的权利。

（二）除第（一）项规定的情况外，授权项目（课题）责任单位依法取得，为了国家安全、国家利益和重大社会公共利益的需要，国家可以无偿实施，也可以许可他人有偿实施或者无偿实施。

项目（课题）任务合同书应当根据上述原则对所产生的知识产权归属做出明确约定。

属于国家所有的知识产权的管理办法另行规定。牵头组织单位或其指定机构对属于国家所有的知识产权负有保护、管理和运用的义务。

第二十三条　子课题或协作开发形成的知识产权的归属按照本规定第二十二条第一款的规定执行。项目（课题）责任单位在签订子课题或协作开发任务合同时，应当告知子课题和协作开发任务的承担单位国家对该项目（课题）知识产权所拥有的权利。上述合同内容与国家保留的权利相冲突的，不影响国家行使相关权利。

第二十四条　论文、学术报告等发表、发布前，项目（课题）责任单位要进行审查和登记，涉及应当申请专利的技术内容，在提出专利申请前不得发表、公布或向他人泄露。未经批准发表、发布或向他人泄露，使研究成果无法获得专利保护的，由重大专项领导小组、牵头组织单位根据各自职责追究直接责任人、项目（课题）组长、法定代表人的责任。

第二十五条　对项目（课题）产生的科技成果，项目（课题）责任单位应当根据科技成果特点，按照相关法律法规的规定适时选择申请专利权、申请植物新品种权、进行著作权登记或集成电路布图设计登记、作为技术秘密等适当方式予以保护。

对于应当申请知识产权并有国际市场前景的科技成果，项目（课题）责任单位应当在优先权期限内申请国外专利权或者其他知识产权。

项目（课题）责任单位不申请知识产权保护或者不采取其它保护措施时，牵头组织单位认为有必要采取保护措施的，应书面督促项目（课题）责任单位采取相应的措施，在其仍不采取保护措施的情况下，牵头组织单位可以自行申请知识产权或者采取其他相应的保护措施。

第二十六条　对作为技术秘密予以保护的科技成果，项目（课题）责任单位应当明确界定、标识予以保护的技术信息及其载体，采取保密措施，与可能接触该技术秘密的科技人员和其他人员签订保密协议。涉密人员因调离、退休等原因离开单位的，仍负有协议规定的保密义务，离开单位前应当将实验记录、材料、样品、产品、装备和图纸、计算机软件等全部技术资料交所在单位。

第二十七条　项目（课题）责任单位应当对重大专项知识产权的发明人、设计人或创作者予以奖励。被授予专利权的项目（课题）责任单位应当依照专利法及其实施细则等法律法规的相关规定对职务发明创造的发明人、设计人或创作者予以奖励。

第二十八条　权利人拟放弃重大专项产生或购买的知识产权的，应当进行评估，并报牵头组织单位备案。未经评估放弃知识产权或因其他原因导致权利失效的，由重大专项领导小组、牵头组织单位根据各自职责对项目（课题）责任单位及其责任人予以通报批评，并责令其改进知识产权管理工作。

第二十九条　项目（课题）责任单位可以在项目（课题）知识产权事务经费中列支知识产权保护、维护、维权、评估等事务费。

项目（课题）验收结题后，项目（课题）责任单位应当根据需要对重大专项产生的知识产权的申请、维持等给予必要的经费支持。

第五章　知识产权的转移和运用

第三十条　重大专项牵头组织单位、知识产权权利人应积极推动重大专项产生的知识产权的转移和运用，加快知识产权的商品化、产业化。

第三十一条　重大专项产生的知识产权信息，在不影响知识产权保护、国家秘密和技术秘密保护的前提下，项目（课题）责任单位应当广泛予以传播。

项目（课题）责任单位、被许可人或受让人就项目（课题）产生的科技成果申请知识产权、进行发表或转让的，应当注明"国家科技重大专项资助"。

第三十二条　鼓励项目（课题）责任单位将获得的自主知识产权纳入国家标准，并积极参与国际标准制定。

第三十三条　重大专项产生的知识产权，应当首先在境内实施。许可他人实施的，一般应当采取非独占许可的方式。

知识产权转让、许可出现下列情形之一的，应当报牵头组织单位审批。牵头组织单位为企业的，应报专项领导小组组长单位审批。

（一）向境内机构或个人转让或许可其独占实施；

（二）向境外组织或个人转让或许可的；

（三）因并购等原因致使权利人发生变更的。

向境外组织或个人转让或许可的，经批准后，还应依照《中华人民共和国技术进出口管理条例》执行。

知识产权转让、许可主体为执行事业单位财务和会计制度的事业单位，或执行《民间非营利组织会计制度》的社会团体及民办非企业单位的，按照《事业单位国有资产管理暂行办法》（财政部令第 36 号）规定执行。

第三十四条　重大专项产生的知识产权，各项目（课题）责任单位应当首先保证其它项目（课题）责任单位为了重大专项实施目的的使用。

项目（课题）责任单位为了重大专项研究开发目的，需要集成使用其它项目（课题）责任单位实施重大专项产生和购买的知识产权时，相关知识产权权利人应当许可其免费使用；为了重大专项科技成果产业化目的使用时，相关知识产权权利人应当按照平等、合理、无歧视原则许可其实施。

项目（课题）责任单位为了研究开发目的而获得许可使用他人的知识

产权时，应当在许可协议中约定许可方有义务按照平等、合理、无歧视原则授予项目（课题）责任单位为了产业化目的的使用。

第三十五条　对重大专项产生和购买的属于项目（课题）责任单位的知识产权，有下列情形之一，牵头组织单位可以依据本规定第二十二条第一款第（二）项的规定，要求项目（课题）责任单位以合理的条件许可他人实施；项目（课题）责任单位无正当理由拒绝许可的，牵头组织单位可以决定在批准的范围内推广使用，允许指定单位一定时期内有偿或者无偿实施：

（一）为了国家重大工程建设需要；

（二）对产业发展具有共性、关键作用需要推广应用；

（三）为了维护公共健康需要推广应用；

（四）对国家利益、重大社会公共利益和国家安全具有重大影响需要推广应用。

获得指定实施的单位不享有独占的实施权。取得有偿实施许可的，应当与知识产权权利人商定合理的使用费。

第三十六条　国家知识产权局可以根据专利法及其实施细则和《集成电路布图设计保护条例》的相关规定，给予实施重大专项产生的发明专利、实用新型专利和集成电路布图设计的强制许可或者非自愿许可。

第三十七条　项目（课题）责任单位许可或转让重大专项产生的知识产权时，应当告知被许可人或受让人国家拥有的权利。许可和转让协议不得影响国家行使相关权利。

第三十八条　鼓励项目（课题）责任单位以科技成果产业化为目标，按照产业链建立产业技术创新战略联盟，通过交叉许可、建立知识产权分享机制等方式，加速科技成果在产业领域应用、转移和扩散，为产业和社会发展提供完整的技术支撑和知识产权保障。

按照产业链不同环节部署项目（课题）的重大专项，牵头组织单位应当推动建立产业技术创新战略联盟。

第三十九条　在项目结束后五年内，项目（课题）责任单位或重大专项知识产权被许可人或受让人应当根据重大专项牵头组织单位的要求，报告知识产权应用、再开发和产业化等情况。

第四十条　项目（课题）责任单位应当依法奖励为完成该项科技成果及转化做出重要贡献的人员。

第六章　附则

第四十一条　各重大专项可以依据本规定，结合本重大专项特点，制定本重大专项的知识产权管理实施细则。

第四十二条　事业单位转让无形资产取得的收入和取得无形资产所发生的支出，应当按照《事业单位财务规则》和《事业单位国有资产管理暂行办法》（财政部令 36 号）有关规定执行。

第四十三条　国防科技知识产权管理按有关规定执行。

第四十四条　本办法自 2010 年 8 月 1 日起施行。

附录 3　《关于进一步加强职务发明人合法权益保护　促进知识产权运用实施的若干意见》

关于印发《关于进一步加强职务发明人合法权益保护促进知识产权运用实施的若干意见》的通知

国知发法字〔2012〕122 号

各省、自治区、直辖市知识产权局、教育厅（局）、科学技术厅（局）、工业和信息化厅（局）、财政厅（局）、人力资源社会保障厅（局）、农业厅（局）、国有资产监督管理委员会、国家税务局、地方税务局、工商行政管理局、版权局、林业局，各有关单位：

根据《国家中长期人才发展规划纲要（2010~2020 年）》，经中央人才工作协调小组审议通过，现将《关于进一步加强职务发明人合法权益保

护 促进知识产权运用实施的若干意见》印发给你们，请遵照执行。

特此通知。

知识产权局　教育部　科技部
工业和信息化部　财政部　人力资源社会保障部
农业部　国资委　税务总局
工商总局　版权局　林业局
中国人民解放军总装备部
2012年11月26日

关于进一步加强职务发明人合法权益保护促进知识产权运用实施的若干意见

为贯彻落实《国家中长期人才发展规划纲要（2010~2020年）》（以下简称《人才发展规划纲要》），保护职务发明人合法权益，充分发挥创新型科技人才的作用，建设创新型国家和人才强国，现提出以下意见。

一、充分认识加强职务发明人合法权益保护的重要意义

改革开放以来，我国建立和完善了职务发明人权益保护制度，职务发明人从事知识产权创造、运用及实施的积极性和主动性不断提高，职务发明创造在我国经济社会发展中作用日益突出。但从总体看，职务发明人权益保护工作仍有待进一步改进和加强，主要体现在：相关立法和制度仍有待落实和完善；对保护职务发明人合法权益的重要性认识还不到位，侵害职务发明人合法权益的现象时有发生；对职务发明人的激励还需要进一步加大力度。

为此，《人才发展规划纲要》提出，要保护科技成果创造者的合法权益。广大职务发明人是科技创新人才的重要力量，保护科技成果创造者合法权益的突出重点在于进一步加强职务发明人合法权益的保护工作，促进知识产权的运用与实施。同时，实施人才强国战略、科教兴国战略和知识产权战略，需要健全和完善有利于职务发明及其知识产权运用与实施的激励机制和权益分配机制，进一步加强对职务发明人合法权益的有效保护，营造有利于人才成长和发挥作用的社会氛围和法律政策环境，为创新型国

家建设和经济社会又好又快发展提供更雄厚的人才保障。

二、加强职务发明人合法权益保护的总体要求

加强对职务发明人权益保护工作的指导、支持和宣传。地方各级人民政府和有关部门要结合本地区和本部门的实际情况，积极采取有效措施，加强对企事业单位和军队单位开展职务发明人合法权益保护工作的指导和督查，支持企事业单位和军队单位依法建立和完善职务发明的知识产权管理制度；引导扶持企事业单位和军队单位提高知识产权运用和保护能力，采取可行方式加快实现知识产权的经济价值，为及时实现职务发明人的合法权益提供物质保障；加大职务发明人权益保护制度的宣传普及力度，培育和营造尊重人才、崇尚创新的社会环境。

认真执行法律法规和相关政策，确保职务发明人的权益落到实处。企事业单位和军队单位要在符合国家相关法律法规和政策的前提下，完善与职务发明相关的内部规章制度，做到机制透明、程序顺畅、责任清晰、奖酬合理；认真落实《专利法》、《促进科技成果转化法》等法律法规中有关职务发明的规定，合法合理地确定单位内发明创造的知识产权归属，保障职务发明人署名权和获得奖励、报酬的权利，充分发挥职务发明人在知识产权运用实施方面的能动作用；妥善预防和及时化解与职务发明人权益相关的争议和矛盾，营造心情舒畅、踊跃创新、奋发进取的和谐氛围，做到人尽其才、才尽其用。

三、建立健全规章制度，明确责任、权利与义务

（一）建立发明创造报告制度。国有企事业单位和军队单位应当建立发明创造报告制度，明确研发过程中尤其是形成发明创造后单位与发明人之间的权利、义务与责任，及时确定发明创造的权益归属。国有企事业单位和军队单位可以根据本单位的具体情况，明确发明人应当就其完成的与单位业务有关的发明创造及时向单位报告，并附具该发明是否为职务发明的意见；单位收到发明人的报告后，应当及时确认并告知发明人该发明是否为职务发明，以及采取何种方式对该发明进行知识产权保护。

（二）建立职务发明相关管理制度。国有企事业单位和军队单位应当

建立职务发明的知识产权管理制度，设立专门机构或者指定专门人员负责知识产权管理工作。建立健全单位内部知识产权资产管理档案，对于经确认的职务发明应当进行综合评价，决定是否申请专利或者采取其他知识产权保护措施，并积极维护知识产权的有效性。对于经综合评价决定放弃的专利权或者其他知识产权，应当在放弃之前告知发明人。

（三）建立和完善职务发明奖励和报酬制度。国有企事业单位和军队单位应当依法建立和完善职务发明的奖励和报酬规章制度，遵循精神激励和物质奖励相结合的原则，明确职务发明奖励、报酬的条件、程序、方式和数额。单位与发明人约定奖励、报酬的数额或者方式的，应当切实履行承诺。单位在制定职务发明的奖励和报酬规章制度时，应当充分听取和吸纳研发人员的意见和建议。

四、依法保护职务发明人的合法权益，鼓励职务发明人参与职务发明及其知识产权的运用与实施

（四）鼓励单位与发明人约定发明创造的知识产权归属。对于利用本单位物质技术条件完成的发明创造，除法律、行政法规另有规定的以外，单位可以与发明人约定由双方共同申请和享有专利权或者相关知识产权，或者由发明人申请并享有专利权或者相关知识产权、单位享有免费实施权。发明创造获得知识产权后，单位和发明人按照约定行使权利、履行义务。

（五）支持职务发明人受让单位拟放弃的知识产权。国家设立的高等院校、科研院所拟放弃其享有的专利权或者其他相关知识产权的，应当在放弃前一个月内通知职务发明人。职务发明人愿意受让的，可以通过与单位协商，有偿或者无偿获得该专利权或者相关知识产权。单位应当积极协助办理权利转让手续。

（六）鼓励职务发明人积极参与知识产权的运用与实施。国家设立的高等院校、科研院所就职务发明获得知识产权后，无正当理由两年内未能运用实施的，职务发明人经与单位协商约定可以自行运用实施。职务发明人因此获得的收益，应当按照约定以适当比例返还单位。

（七）保障职务发明人在专利文件以及各类相关文件中的署名权。署

名权是发明人的精神权利，受法律保护。只有对职务发明的实质性特点作出创造性贡献的人员才享有在专利文件以及各类相关文件上的署名权。未对职务发明的实质性特点作出创造性贡献，只负责组织工作的人员、为物质技术条件的利用提供方便的人员或者从事其他辅助工作的人员，不应作为发明人署名。

（八）提高职务发明的报酬比例。在未与职务发明人约定也未在单位规章制度中规定报酬的情形下，国有企事业单位和军队单位自行实施其发明专利权的，给予全体职务发明人的报酬总额不低于实施该发明专利的营业利润的3%；转让、许可他人实施发明专利权或者以发明专利权出资入股的，给予全体职务发明人的报酬总额不低于转让费、许可费或者出资比例的20%。国有企事业单位和军队单位拥有的其他知识产权可以参照上述比例办理。

（九）合理确定职务发明的报酬数额。单位应当建立职务发明的报酬核算机制。在核算报酬数额时，应当考虑每项职务发明对整个产品或者工艺经济效益的贡献，以及每位职务发明人对每项职务发明的贡献等因素。因单位经营策略或者发展模式的需要而低价、无偿转让或者许可他人实施职务发明专利或者相关知识产权时，应当参照相关技术的市场价格，合理确定对职务发明人的报酬数额。

（十）及时给予职务发明人奖励和报酬。除与职务发明人另有约定的以外，单位应当在公告授予专利权或者其他相关知识产权之日起三个月内发放奖金；单位许可他人实施或者转让知识产权的，应当在许可费、转让费到账后三个月内支付报酬；单位自行实施专利或者其他相关知识产权且以现金形式逐年支付报酬的，应当在每个会计年度结束后三个月内支付报酬。以股权形式支付报酬的，应当按法律法规和单位规章制度的规定予以分红。单位应当在自行实施知识产权之日或者许可合同、转让合同生效之日起的合理期限内，将自行实施、许可他人实施或者转让知识产权等有关情况通报给相关的职务发明人。

（十一）保障特定情形下职务发明人获得奖励和报酬的权利。职务发明人与原单位解除或者终止劳动关系或者人事关系后,除与原单位另有约定外,其从原单位获得奖励和报酬的权利不变;职务发明人逝世的,其获得奖金和报酬的权利由继承人继承。

五、完善保护职务发明人权益的政策措施,强化对职务发明人权益保护工作的督导

(十二)落实和完善职务发明人获得奖金和报酬的财政税收优惠政策。企业给予职务发明人的奖金和报酬列入成本,事业单位和军队单位给予职务发明人的奖金和报酬按国家有关规定列支。对职务发明人的奖金和报酬按照国家税法的相关规定实行优惠,充分调动职务发明人从事职务发明创造及运用实施的积极性、主动性和创造性。

(十三)将与职务发明知识产权相关要素纳入考评范围。鼓励高等院校、科研院所在评定职称、晋职晋级时,将科研人员从事知识产权创造、运用及实施的情况纳入考评范围,同等条件下予以优先考虑。

(十四)将对职务发明人权益的保护情况纳入考核指标。单位落实职务发明制度的情况,作为评定知识产权试点示范单位或者享受专利申请资助政策的重要考评因素予以考虑,并纳入对国有企事业单位领导人员的考核范围。

(十五)建立职务发明人维权援助机制。各级地方知识产权管理部门和国防知识产权管理部门要建立和完善职务发明人维权援助机制,指定专门机构为单位和职务发明人提供维权援助服务。单位与发明人就发明创造及其知识产权归属或者职务发明奖励和报酬的方式或者数额进行约定的,可以将有关协议向所在地省、自治区、直辖市知识产权管理部门或者国防知识产权管理部门备案。对于发生的职务发明纠纷,各级地方知识产权管理部门和国防知识产权管理部门应当及时依法调解和处理。

各地区、各部门、各有关单位应当根据本意见的原则要求,结合本地区、本部门和本单位的实际情况,制定具体的落实办法和措施。

附录4 《关于深化科技体制改革加快国家创新体系建设的意见》（节选）

为加快推进创新型国家建设，全面落实《国家中长期科学和技术发展规划纲要（2006~2020年）》（以下简称科技规划纲要），充分发挥科技对经济社会发展的支撑引领作用，现就深化科技体制改革、加快国家创新体系建设提出如下意见。

三、强化企业技术创新主体地位，促进科技与经济紧密结合

（五）提高科研院所和高等学校服务经济社会发展的能力。加快科研院所和高等学校科研体制改革和机制创新。按照科研机构分类改革的要求，明确定位，优化布局，稳定规模，提升能力，走内涵式发展道路。公益类科研机构要坚持社会公益服务的方向，探索管办分离，建立适应农业、卫生、气象、海洋、环保、水利、国土资源和公共安全等领域特点的科技创新支撑机制。基础研究类科研机构要瞄准科学前沿问题和国家长远战略需求，完善有利于激发创新活力、提升原始创新能力的运行机制。对从事基础研究、前沿技术研究和社会公益研究的科研机构和学科专业，完善财政投入为主、引导社会参与的持续稳定支持机制。技术开发类科研机构要坚持企业化转制方向，完善现代企业制度，建立市场导向的技术创新机制。

充分发挥国家科研机构的骨干和引领作用。建立健全现代科研院所制度，制定科研院所章程，完善治理结构，进一步落实法人自主权，探索实行由主要利益相关方代表构成的理事会制度。实行固定岗位与流动岗位相结合的用人制度，建立开放、竞争、流动的用人机制。推进实施绩效工资。对科研机构实行周期性评估，根据评估结果调整和确定支持方向和投入力度。引导和鼓励民办科研机构发展，在承担国家科技任务、人才引进等方面加大支持力度，符合条件的民办科研机构享受税收优惠等相关政策。

充分发挥高等学校的基础和生力军作用。落实和扩大高等学校办学自主权。根据经济社会发展需要和学科专业优势，明确各类高等学校定位，

突出办学特色，建立以服务需求和提升创新能力为导向的科技评价和科技服务体系。高等学校对学科专业实行动态调整，大力推动与产业需求相结合的人才培养，促进交叉学科发展，全面提高人才培养质量。发挥高等学校学科人才优势，在基础研究和前沿技术领域取得原创性突破。建立与产业、区域经济紧密结合的成果转化机制，鼓励支持高等学校教师转化和推广科研成果。以学科建设和协同创新为重点，提升高等学校创新能力。大力推进科技与教育相结合的改革，促进科研与教学互动、科研与人才培养紧密结合，培育跨学科、跨领域的科研教学团队，增强学生创新精神和创业能力，提升高等学校毕业生就业率。

（六）完善科技支撑战略性新兴产业发展和传统产业升级的机制。建立科技有效支撑产业发展的机制，围绕战略性新兴产业需求部署创新链，突破技术瓶颈，掌握核心关键技术，推动节能环保、新一代信息技术、生物、高端装备制造、新能源、新材料、新能源汽车等产业快速发展，增强市场竞争力，到2015年战略性新兴产业增加值占国内生产总值的比重力争达到8%左右，到2020年力争达到15%左右。以数字化、网络化、智能化为重点，推进工业化和信息化深度融合。充分发挥市场机制对产业发展方向和技术路线选择的基础性作用，通过制定规划、技术标准、市场规范和产业技术政策等进行引导。加大对企业主导的新兴产业链扶持力度，支持创新型骨干企业整合创新资源。加强技术集成、工艺创新和商业模式创新，大力拓展国内外市场。优化布局，防止盲目重复建设，引导战略性新兴产业健康发展。在事关国家安全和重大战略需求领域，进一步凝炼重点，明确制约产业发展的关键技术，充分发挥国家重点工程、科技重大专项、科技计划、产业化项目和应用示范工程的引领和带动作用，实现电子信息、能源环保、生物医药、先进制造等领域的核心技术重大突破，促进产业加快发展。加大对中试环节的支持力度，促进从研究开发到产业化的有机衔接。

加强技术创新，推动技术改造，促进传统产业优化升级。围绕品种质量、节能降耗、生态环境、安全生产等重点，完善新技术新工艺新产品的应用推广机制,提升传统产业创新发展能力。针对行业和技术领域特点,整合资源构建共性技术研发基地,在重点产业领域建设技术创新平台。建立健全知识转移和技术扩散机制,加快科技成果转化应用。

(七)完善科技促进农业发展、民生改善和社会管理创新的机制。高度重视农业科技发展,发挥政府在农业科技投入中的主导作用,加大对农业科技的支持力度。打破部门、区域、学科界限,推进农科教、产学研紧密结合,有效整合农业相关科技资源。面向产业需求,围绕粮食安全、种业发展、主要农产品供给、生物安全、农林生态保护等重点方向,构建适应高产、优质、高效、生态、安全农业发展要求的技术体系。大力推进农村科技创业,鼓励创办农业科技企业和技术合作组织。强化基层公益性农技推广服务,引导科研教育机构积极开展农技服务,培育和支持新型农业社会化服务组织,进一步完善公益性服务、社会化服务有机结合的农业技术服务体系。

注重发展关系民生的科学技术,加快推进涉及人口健康、食品药品安全、防灾减灾、生态环境和应对气候变化等领域的科技创新,满足保障和改善民生的重大科技需求。加大投入,健全机制,促进公益性民生科技研发和应用推广;加快培育市场主体,完善支持政策,促进民生科技产业发展,使科技创新成果惠及广大人民群众。加强文化科技创新,推进科技与文化融合,提高科技对文化事业和文化产业发展的支撑能力。

加快建设社会管理领域的科技支撑体系。充分运用信息技术等先进手段,建设网络化、广覆盖的公共服务平台。着力推进政府相关部门信息共享、互联互通。建立健全以自主知识产权为核心的互联网信息安全关键技术保障机制,促进信息网络健康发展。

四、加强统筹部署和协同创新,提高创新体系整体效能

(八)推动创新体系协调发展。统筹技术创新、知识创新、国防科技创新、区域创新和科技中介服务体系建设,建立基础研究、应用研究、成果转化和产业化紧密结合、协调发展机制。支持和鼓励各创新主体根据自身特色和优势,探索多种形式的协同创新模式。完善学科布局,推动学科

交叉融合和均衡发展，统筹目标导向和自由探索的科学研究，超前部署对国家长远发展具有带动作用的战略先导研究、重要基础研究和交叉前沿研究。加强技术创新基地建设，发挥骨干企业和转制院所作用，提高产业关键技术研发攻关水平，促进技术成果工程化、产业化。完善军民科技融合机制，建设军民两用技术创新基地和转移平台，扩大民口科研机构和科技型企业对国防科技研发的承接范围。培育、支持和引导科技中介服务机构向服务专业化、功能社会化、组织网络化、运行规范化方向发展，壮大专业研发设计服务企业，培育知识产权服务市场，推进检验检测机构市场化服务，完善技术交易市场体系，加快发展科技服务业。充分发挥科技社团在推动全社会创新活动中的作用。建立全国创新调查制度，加强国家创新体系建设监测评估。

（十）强化科技资源开放共享。建立科研院所、高等学校和企业开放科研设施的合理运行机制。整合各类科技资源，推进大型科学仪器设备、科技文献、科学数据等科技基础条件平台建设，加快建立健全开放共享的运行服务管理模式和支持方式，制定相应的评价标准和监督奖惩办法。完善国家财政资金购置科研仪器设备的查重机制和联合评议机制，防止重复购置和闲置浪费。对财政资金资助的科技项目和科研基础设施，加快建立统一的管理数据库和统一的科技报告制度，并依法向社会开放。

五、改革科技管理体制，促进管理科学化和资源高效利用

（十二）推进科技项目管理改革。建立健全科技项目决策、执行、评价相对分开、互相监督的运行机制。完善科技项目管理组织流程，按照经济社会发展需求确定应用型重大科技任务，拓宽科技项目需求征集渠道，建立科学合理的项目形成机制和储备制度。建立健全科技项目公平竞争和信息公开公示制度，探索完善网络申报和视频评审办法，保证科技项目管理的公开公平公正。完善国家科技项目管理的法人责任制，加强实施督导、过程管理和项目验收，建立健全对科技项目和科研基础设施建设的第三方评估机制。完善科技项目评审评价机制，避免频繁考核，保证科研人员的科研时间。完善相关管理制度，避免科技项目和经费过度集中于少数科研

人员。

（十三）完善科技经费管理制度。健全竞争性经费和稳定支持经费相协调的投入机制，优化基础研究、应用研究、试验发展和成果转化的经费投入结构。完善科研课题间接成本补偿机制。建立健全符合科研规律的科技项目经费管理机制和审计方式，增加项目承担单位预算调整权限，提高经费使用自主权。建立健全科研经费监督管理机制，完善科技相关部门预算和科研经费信息公开公示制度，通过实施国库集中支付、公务卡等办法，严格科技财务制度，强化对科技经费使用过程的监管，依法查处违法违规行为。加强对各类科技计划、专项、基金、工程等经费管理使用的综合绩效评价，健全科技项目管理问责机制，依法公开问责情况，提高资金使用效益。

（十四）深化科技评价和奖励制度改革。根据不同类型科技活动特点，注重科技创新质量和实际贡献，制定导向明确、激励约束并重的评价标准和方法。基础研究以同行评价为主，特别要加强国际同行评价，着重评价成果的科学价值；应用研究由用户和专家等相关第三方评价，着重评价目标完成情况、成果转化情况以及技术成果的突破性和带动性；产业化开发由市场和用户评价，着重评价对产业发展的实质贡献。建立评价专家责任制度和信息公开制度。开展科技项目标准化评价和重大成果产出导向的科技评价试点，完善国家科技重大专项监督评估制度。加强对科技项目决策、实施、成果转化的后评估。发挥科技社团在科技评价中的作用。

科技奖励机制。提高奖励质量，减少数量，适当延长报奖成果的应用年限。重点奖励重大科技贡献和杰出科技人才，强化对青年科技人才的奖励导向。根据不同奖项的特点完善评审标准和办法，增加评审过程透明度。探索科技奖励的同行提名制。支持和规范社会力量设奖。

六、完善人才发展机制，激发科技人员积极性创造性

（十五）统筹各类创新人才发展和完善人才激励制度。深入实施重大人才工程和政策，培养造就世界水平的科学家、科技领军人才、卓越工程师和高水平创新团队。改进和完善院士制度。大力引进海外优秀人才特别

是顶尖人才，支持归国留学人员创新创业。加强科研生产一线高层次专业技术人才和高技能人才培养。支持创新人才到西部地区特别是边疆民族地区工作。支持35岁以下的优秀青年科技人才主持科研项目。鼓励大学生自主创新创业。鼓励在创新实践中脱颖而出的人才成长和创业。重视工程实用人才、紧缺技能人才和农村实用人才培养。

建立以科研能力和创新成果等为导向的科技人才评价标准，改变片面将论文数量、项目和经费数量、专利数量等与科研人员评价和晋升直接挂钩的做法。加快建设人才公共服务体系，健全科技人才流动机制，鼓励科研院所、高等学校和企业创新人才双向交流。探索实施科研关键岗位和重大科研项目负责人公开招聘制度。规范和完善专业技术职务聘任和岗位聘用制度，扩大用人单位自主权。探索有利于创新人才发挥作用的多种分配方式，完善科技人员收入分配政策，健全与岗位职责、工作业绩、实际贡献紧密联系和鼓励创新创造的分配激励机制。

（十六）加强科学道德和创新文化建设。建立健全科研活动行为准则和规范，加强科研诚信和科学伦理教育，将其纳入国民教育体系和科技人员职业培训体系，与理想信念、职业道德和法制教育相结合，强化科技人员的诚信意识和社会责任。发挥科研机构和学术团体的自律功能，引导科技人员加强自我约束、自我管理。加强科研诚信和科学伦理的社会监督，扩大公众对科研活动的知情权和监督权。加强国家科研诚信制度建设，加快相关立法进程，建立科技项目诚信档案，完善监督机制，加大对学术不端行为的惩处力度，切实净化学术风气。

引导科技工作者自觉践行社会主义核心价值体系，大力弘扬求真务实、勇于创新、团结协作、无私奉献、报效祖国的精神，保障学术自由，营造宽松包容、奋发向上的学术氛围。大力宣传优秀科技工作者和团队的先进事迹。加强科学普及，发展创新文化，进一步形成尊重劳动、尊重知识、尊重人才、尊重创造的良好风尚。

七、营造良好环境，为科技创新提供有力保障

（十七）完善相关法律法规和政策措施。落实科技规划纲要配套政策，

发挥政府在科技投入中的引导作用，进一步落实和完善促进全社会研发经费逐步增长的相关政策措施，加快形成多元化、多层次、多渠道的科技投入体系，实现2020年全社会研发经费占国内生产总值2.5%以上的目标。

完善和落实促进科技成果转化应用的政策措施，实施技术转让所得税优惠政策，用好国家科技成果转化引导基金，加大对新技术新工艺新产品应用推广的支持力度，研究采取以奖代补、贷款贴息、创业投资引导等多种形式，完善和落实促进新技术新产品应用的需求引导政策，支持企业承接和采用新技术、开展新技术新工艺新产品的工程化研究应用。完善落实科技人员成果转化的股权、期权激励和奖励等收益分配政策。

促进科技和金融结合，创新金融服务科技的方式和途径。综合运用买方信贷、卖方信贷、融资租赁等金融工具，引导银行等金融机构加大对科技型中小企业的信贷支持。推广知识产权和股权质押贷款。加大多层次资本市场对科技型企业的支持力度，扩大非上市股份公司代办股份转让系统试点。培育和发展创业投资，完善创业投资退出渠道，支持地方规范设立创业投资引导基金，引导民间资本参与自主创新。积极开发适合科技创新的保险产品，加快培育和完善科技保险市场。

加强知识产权的创造、运用、保护和管理，"十二五"期末实现每万人发明专利拥有量达到3.3件的目标。建立国家重大关键技术领域专利态势分析和预警机制。完善知识产权保护措施，健全知识产权维权援助机制。完善科技成果转化为技术标准的政策措施，加强技术标准的研究制定。

认真落实科学技术进步法及相关法律法规，推动促进科技成果转化法修订工作，加大对科技创新活动和科技创新成果的法律保护力度，依法惩治侵犯知识产权和科技成果的违法犯罪行为，为科技创新营造良好的法治环境。

附录5 《关于大力推进体制机制创新扎实做好科技金融服务的意见》（节选）

为贯彻落实党的十八届三中全会精神和《中共中央 国务院关于深化科技体制改革 加快国家创新体系建设的意见》（中发〔2012〕6号）等中央文件要求，大力推动体制机制创新，促进科技和金融的深层次结合，支持国家创新体系建设，现提出如下意见：

一、大力培育和发展服务科技创新的金融组织体系

二、加快推进科技信贷产品和服务模式创新

（四）完善科技信贷管理机制。鼓励银行业金融机构完善科技企业贷款利率定价机制，充分利用贷款利率风险定价和浮动计息规则，根据科技企业成长状况，动态分享相关收益。完善科技贷款审批机制，通过建立科技贷款绿色通道等方式，提高科技贷款审批效率；通过借助科技专家咨询服务平台，利用信息科技技术提升评审专业化水平。完善科技信贷风险管理机制，探索设计专门针对科技信贷风险管理的模型，提高科技贷款管理水平。完善内部激励约束机制，建立小微科技企业信贷业务拓展奖励办法，落实授信尽职免责机制，有效发挥差别风险容忍度对银行开展科技信贷业务的支撑作用。

（五）丰富科技信贷产品体系。在有效防范风险的前提下，支持银行业金融机构与创业投资、证券、保险、信托等机构合作，创新交叉性金融产品，建立和完善金融支持科技创新的信息交流共享机制和风险共控合作机制。全面推动符合科技企业特点的金融产品创新，逐步扩大仓单、订单、应收账款、产业链融资以及股权质押贷款的规模。充分发挥政策性金融功能，支持国家重大科技计划成果的转化和产业化、科技企业并购、国内企

业自主创新和引进消化吸收再创新、农业科技创新、科技企业开展国际合作和"走出去"。

（六）创新科技金融服务模式。鼓励银行业金融机构开展还款方式创新，开发和完善适合科技企业融资需求特点的授信模式。积极向科技企业提供开户、结算、融资、理财、咨询、现金管理、国际业务等一站式、系统化的金融服务。加快科技系统改造升级，在符合监管要求的前提下充分利用互联网技术，为科技企业提供高效、便捷的金融服务。

（七）大力发展知识产权质押融资。加强知识产权评估、登记、托管、流转服务能力建设，规范知识产权价值分析和评估标准，简化知识产权质押登记流程，探索建立知识产权质物处置机制，为开展知识产权质押融资提供高效便捷服务。积极推进专利保险工作，有效保障企业、行业、地区的创新发展。

三、拓宽适合科技创新发展规律的多元化融资渠道

（八）支持科技企业上市、再融资和并购重组。推进新股发行体制改革，继续完善和落实促进科技成果转化应用的政策措施，促进科技成果资本化、产业化。适当放宽科技企业的财务准入标准，简化发行条件。建立创业板再融资制度，形成"小额、快速、灵活"的创业板再融资机制，为科技企业提供便捷的再融资渠道。支持符合条件的科技企业在境外上市融资。支持科技上市企业通过并购重组做大做强。推进实施并购重组分道制审核制度，对符合条件的企业申请实行豁免或快速审核。鼓励科技上市企业通过并购基金等方式实施兼并重组，拓宽融资渠道。研究允许科技上市企业发行优先股、定向可转债等作为并购工具的可行性，丰富并购重组工具。

（九）鼓励科技企业利用债券市场融资。支持科技企业通过发行企业债、公司债、短期融资券、中期票据、中小企业集合票据、中小企业集合债券、小微企业增信集合债券、中小企业私募债等产品进行融资。鼓励和支持相关部门通过优化工作流程，提高发行工作效率，为科技企业发行债

券提供融资便利。对符合条件的科技企业发行直接债务融资工具的，鼓励中介机构适当降低收费，减轻科技企业的融资成本负担。继续推动并购债、可转债、高收益债等产品发展，支持科技企业滚动融资，行业收购兼并和创投公司、私募基金投资和退出。

（十）推动创业投资发展壮大。发挥政府资金杠杆作用，充分利用现有的创业投资基金，完善创业投资政策环境和退出机制，鼓励更多社会资本进入创业投资领域。推动各级政府部门设立的创业投资机构通过阶段参股、跟进投资等多种方式，引导创业投资资金投向初创期科技企业和科技成果转化项目。完善和落实创业投资机构相关税收政策，推动运用财政税收等优惠政策引导创业投资机构投资科技企业，支持符合条件的创业投资企业、股权投资企业、产业投资基金发行企业债券；支持符合条件的创业投资企业、股权投资企业、产业投资基金的股东或有限合伙人发行企业债券。鼓励发展天使投资。

（十一）鼓励其他各类市场主体支持科技创新。支持科技企业通过在全国中小企业股份转让系统实现股份转让和定向融资。探索研究全国中小企业股份转让系统挂牌公司的并购重组监管制度，规范引导其并购重组活动。探索利用各类产权交易机构为非上市小微科技企业提供股份转让渠道，建立健全未上市科技股份公司股权集中托管、转让、市场监管等配套制度。加快发展统一的区域性技术产权交易市场，推动地方加强省级技术产权交易市场建设，完善创业风险投资退出机制。支持证券公司直投子公司、另类投资子公司、基金管理公司专业子公司等，在风险可控前提下按规定投资非上市科技企业股权、债券类资产、收益权等实体资产，为不同类型、不同发展阶段的科技企业提供资金支持。

四、探索构建符合科技创新特点的保险产品和服务

（十二）建立和完善科技保险体系。按照政府引导、商业保险机构运作、产寿险业务并重的原则，进一步建立和完善科技保险体系。加大对科技保险的财政支持力度，鼓励有条件的地区建立科技保险奖补机制和科技再保险制度,对重点科技和产业领域给予补贴、补偿等奖励和优惠政策,充分发挥财政资金的引导和放大作用,促进科技保险长效发展。支持符合条件的保险公司设立专门服务于科技企业的科技保险专营机构,为科技企业降低风险损失、实现稳健经营提供支持。

(十三)加快创新科技保险产品,提高科技保险服务质量。鼓励保险公司创新科技保险产品,为科技企业、科研项目、科研人员提供全方位保险支持。推广中小科技企业贷款保证保险、贷款担保责任保险、出口信用保险等新型保险产品,为科技企业提供贷款保障。加快制定首台(套)重大技术装备保险机制的指导意见,建立政府引导、市场化运作的首台(套)重大技术装备保险机制和示范应用制度,促进首台(套)重大技术装备项目的推广和科技成果产业化。

(十四)创新保险资金运用方式,为科技创新提供资金支持。根据科技领域需求和保险资金特点,支持保险资金以股权、基金、债权、资产支持计划等形式,为高新区和产业化基地建设、战略性新兴产业的培育与发展以及国家重大科技项目提供长期、稳定的资金支持。探索保险资金投资优先股等新型金融工具,为科技企业提供长期股权投资。推动科技保险综合实验区建设,在更好地服务科技创新方面先行先试,探索建立综合性科技保险支持体系。

五、加快建立健全促进科技创新的信用增进机制

(十五)大力推动科技企业信用示范区建设。鼓励各地依托高新区和产业化基地,因地制宜建设科技企业信用示范区,充分利用金融信用信息基础数据库等信用信息平台,加大对科技企业信用信息的采集,建立和完善科技企业的信用评级和评级结果推介制度,为金融机构推广信用贷款等金融产品提供支持。充分发挥信用促进会等信用自律组织的作用,完善科技企业信用示范区管理机制,逐步建立守信激励、失信惩戒的信用环境。

(十六)积极发挥融资性担保增信作用。建立健全政府资金引导、社会资本参与、市场化运作的科技担保、再担保体系。支持融资性担保机构

加大对科技企业的信用增进，提高融资性担保机构服务能力。鼓励科技企业成立联保互助组织，通过建立科技担保互助基金，为协会成员提供融资担保支持。支持融资性担保机构加强信息披露与共享，开展同业合作，集成科技企业资源，进一步增强融资担保能力。

（十七）创新科技资金投入方式。充分发挥国家科技成果转化引导基金的作用，通过设立创业投资子基金、贷款风险补偿等方式，引导金融资本和民间投资向科技成果转化集聚。进一步整合多种资源，综合运用创业投资、风险分担、保费补贴、担保补助、贷款贴息等多种方式，发挥政府资金在信用增进、风险分散、降低成本等方面的作用，引导金融机构加大对科技企业的融资支持。

中国人民银行　　科技部　　银监会
证监会　　保监会　　知识产权局
2014年1月7日

附录6 《关于深入实施国家知识产权战略加强和改进知识产权管理的若干意见》（节选）

国家知识产权局、教育部、科技部、工业和信息化部、国资委、工商总局、版权局、中科院关于印发《关于深入实施国家知识产权战略 加强和改进知识产权管理的若干意见》的通知

国知发协字〔2014〕41号

各省、自治区、直辖市及新疆生产建设兵团知识产权局、教育厅（局、教委）、科技厅（局、委）、工业和信息化主管部门、国资委、工商局、版权局，中科院各单位：

为贯彻落实《国家知识产权纲要》，科学提高知识产权管理水平，现将《关于深入实施国家知识产权战略　加强和改进知识产权管理的若干意

见》印发，请认真贯彻执行。

特此通知。

知识产权局 教育部 科技部
工业和信息化部 国资委 工商总局
版权局 中科院
2014 年 7 月 15 日

附件：

关于深入实施国家知识产权战略 加强和改进知识产权管理的若干意见（节选）

为加快政府职能转变，提高知识产权管理和公共服务能力，有效支撑创新驱动发展战略实施，提出以下意见。

……

四、健全知识产权管理制度，提高管理规范化水平

（十三）推行科技项目知识产权全过程管理。将知识产权管理全面纳入科技重大专项和国家科技计划全流程管理。在高技术产业化项目、重大技术改造项目、国家科技重大专项等项目中，探索建立知识产权专员制度，加强科研项目立项、执行、验收、评估及成果转化、运营等各环节的知识产权管理。鼓励有条件的高等院校和科研院所设立集知识产权管理、转化运用为一体的机构，统筹知识产权管理工作。

（十四）建立健全知识产权资产管理制度。建立健全知识产权资产价值评估体系。帮助企业按照企业会计准则相关规定，科学合理地划分知识产权开发过程中应予以费用化和资本化的部分，准确反映知识产权资产的入账价值。科学核算企业自创、外购和投资获得的知识产权资产，规范企业在并购、股权流转、对外投资等活动中对知识产权资产的处置和运营。推进软件资产管理，建立企业软件正版化长效机制。制定上市公司知识产权资产信息发布指南，引导企业及时合理披露知识产权信息。